娘時代には他家に子守として奉公し，いまは孫の守をしている福連木（ふくれぎ）の老婆.

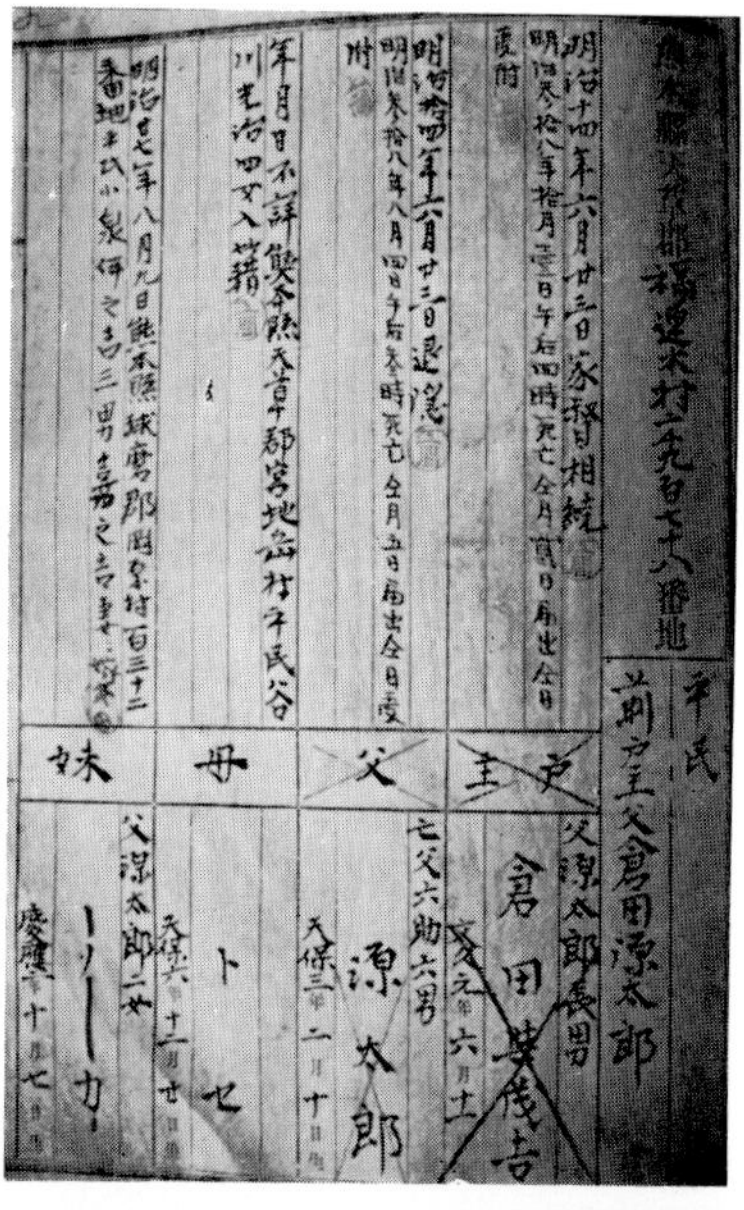

福連木と球磨郡との人的交流の一端を知ることのできる戸籍簿――〈Ⅷ・流浪の痛み〉参照

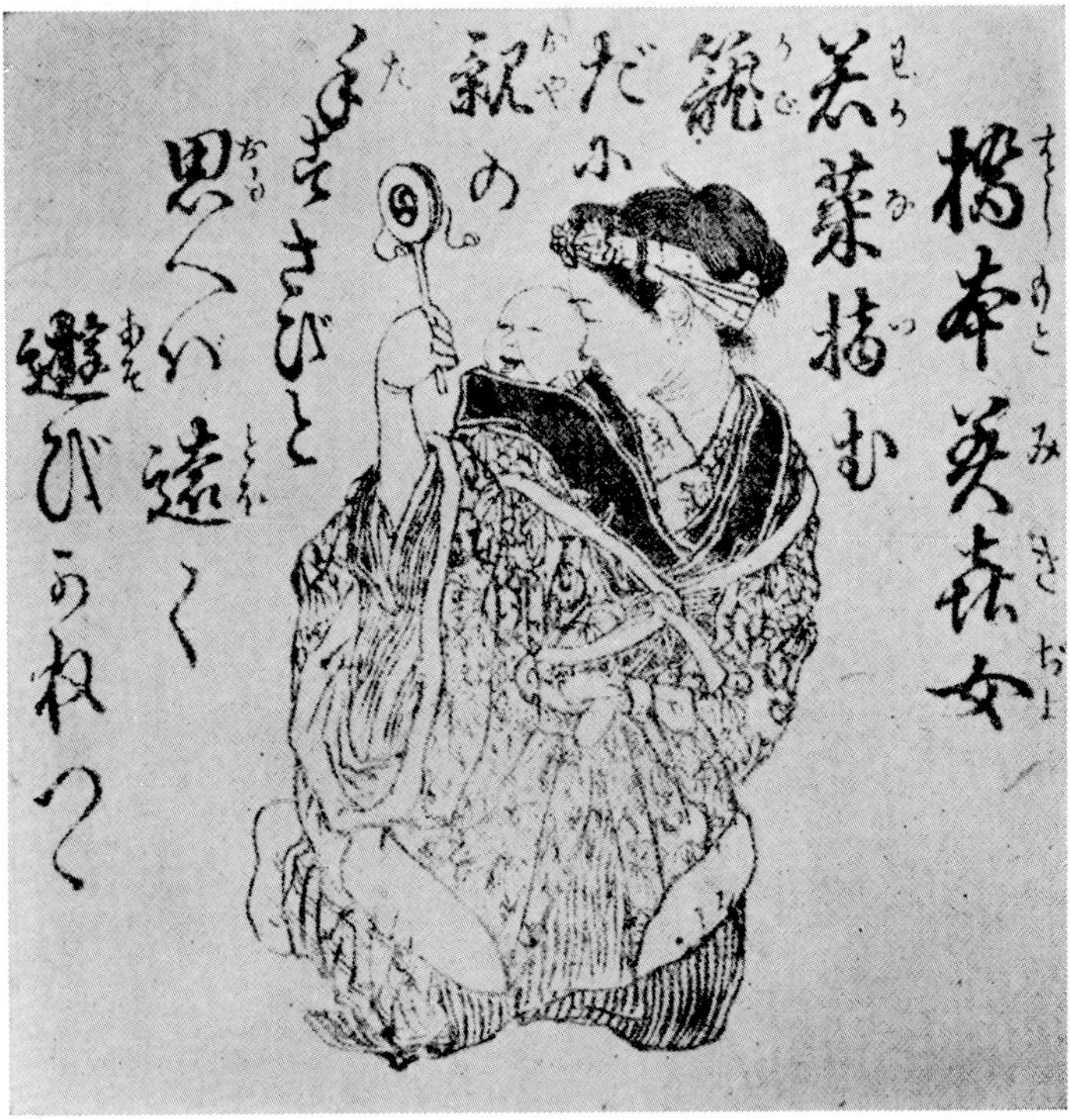

明治初期の子守の姿――口べらしの為，子守となり親に孝を尽した茨城県古河の籠職人の娘，橋本美喜は明治14年，文永堂出版の〈明治烈婦伝〉に封建道徳の鑑として掲載された．

日本の子守唄

民俗学的アプローチ

松 永 伍 一

はじめに

ピカソの『ゲルニカ』を観て、そのなかに「母親と死んだ児」のデッサンがいくつもあることにわたしは心惹かれた。怒りと悲しみとに顔を歪めた母親が、力いっぱい抱きかかえている断末魔の一瞬は、まさしく〈生きている人間、かれらのためにこそ絶望は激しい希望の火を燃えたたせる〉とうたったポール・エリュアールの詩の一章節そのままに、痛ましく美しかった。絶望が描かれながら、そこには永遠の愛が花開いていた。その愛が『ゲルニカ』だけのものでなく、われわれの共有のかくされた財産だと気づきはじめたとき、わたしの試みてきた「日本の子守唄」再発見の作業も、ささやかではあるが、それをめざしていたのだということで意を強くしたのだった。一つのテーマをかかえこんでいるものにとって、それを合理化、正当化しないではおれないさもしい根性はつきものであるが、一見時流に適合しそうにないこの仕事だけに、『ゲルニカ』のもたらしたわたしへの恩寵は大きかった。
女たち、子供たちは、春の青葉とまじりけのない乳と
そして忍耐の宝を持っている
ひとしく
そして潔き眼のなかに

女たち、子供たちは、その眼のなかに
ひとしく宝を持っている
男たちはなしうる限りにそれを護る

人間のためにこそ、この宝は歌われるのだ
人間のためにこそ、この宝は費やされるのだ

（ゲルニカの勝利より、中山公男訳）

とエリュアールがうたう、その女を、その子供たちを、わたしは子守唄の世界で裸にしようと思う。男としてその宝を「なしうる限りに」護りたいのである。
だが、この書物を前にする読者が存在する以上、そういう願いとはかかわりなく、多くの疑問と

批判を浴びるだろうし、それに応えていく義務がわたしにはある。

きっと、次のような質問を受けるにちがいない。

――子守と名のつく娘などわれわれの周囲にはもういなくなったではないか。そういう過去をほじくるのは感傷にすぎない。時代錯誤もいいところだ。

――それに、赤ん坊だってベビーサークルのなかで哺乳壜をくわえ、ほんものそっくりの精巧なオモチャを抱いて眠っているではないか。唄をきかせなくたって、ラジオやテレビがあり、オルゴールがあって、十分にそれでまにあう。

たしかに、常識的にはスジが通っている。当世風の認識であろう。その質問のもつ一面の正しさをわたしも認めるのだが、同時にその正しさをそのままそっくり転倒させ、もう一つの影の部分の真実をその人に理解してもらうために、親切かつ誠実に答えねばならなくなる。

ひとが生まれ育っていく過程で「一度はかつてその鑑賞家であった」（柳田国男・採集の栞）とする説では、もはや通用しないし、その言い分は大正期から昭和初期の段階にとどまるもので、たとえ心情的にはわかっても現代的意味をそこから抽き出すには古すぎよう。そこで第一の質問にはこう答えたい。

「子守娘はたしかにいない。だが、彼女たちが、半封建的家族主義の犠牲者としてうたってきた〈人間の哀歌〉は、今日数多くの村を出てきて働らく女たち、すなわち住込み店員、紡績女工、女中、家政婦、季節労務者、年雇、女給、踊り子、売春婦、そしてBGたちの心情にうたわれていはしないだろうか。歌詞はちがっても、その中味は、現代の資本主義機構のメカニズムと対応しながら、やはり〈人間の哀歌〉そのもののはずである。そういう無名者の、声なき唄の心情と思想の再発見のために、わたしは子守唄を俎上にのせようとするのである」と。

そして第二の質問には、「家庭生活の合理化と育児法の徹底とが、高度経済成長や消費ブームに見合う形でおし進められているが、インスタントの魔術によって解放されつつあると感じている女たちが、一体どれだけの自由と生命のよろこびとをその代償として得たというのだろうか。女の生理が絶えることがないように、母性としての愛・エロスの泉は涸れないだろう。いまこそ、仮装的な合理主義によりかかった生活態度の裏側から、女の魂のうずきを取りもどす必要がある。そういう人間回復への熾烈な願いと女の自己確認のきっかけのために、子守唄という〈女の秘宝〉を検討しようとするのである」と答えるだろう。

わたしの主張は以上の通りである。だが、子守娘と母親の奏でる唄のもつニュアンスには多少の差があり、その感情の方向もときとしてはまったく別の場合もないわけではない。母親が愛の手をもってわが子を抱擁するのに、雇われた他人の子守娘は憎しみをこめてその子の尻を叩くというようなちがい方として典型的にあらわれている。しかし、その差異は、愛と憎しみとを相対的にしか見ることのできない場合の、ごく現象的なちがいであるということにわれわれは気づかねばならない。母親も娘時代に子守の体験があったからなどというとらえ方は愚劣であろう。もっと本質的に、女は女としての避けがたい宿命を負っているし、熱い炎を秘めた〈深淵〉を抱きこんでいるがゆえに、それらのちがいはより社会的な色調をもってくるのである。ということは、それをもう一度倒錯させることによってそれらの距離がなくなってしまうことを意味している。そこで、子守唄は女の唄の原型、原体質の自己表現たり得るのである。

もちろん、こういう角度から問題をしぼっていく以上、従来の民謡蒐集家や、研究家などから、「それは邪道だ」と批難されるかも知れない。子守唄の集大成でもないし、またメロディ論がけずり落とされているのだが、わたしはそういう領域は他の研究子にまかせたいと思っている。それをやる興味もない。だから、読者は旧来の民謡関係の著述などを下地にした上で、わたしのわがままな子守唄論を読んでほしいものである。女の読者はそこから新しい自己の旅を歩み出し、男の読者はそれによって男の立ってきた位置を見直してもらう、ということになれば、この仕事につぎこんできたわたしの労は報いられることになるのだが……。

一九五九年春　記す

目次

I　胸によみがえる旋律

ギリヤークの子守唄

日本青年館ではじめて一般に公開された北海道ギリヤークの歌舞のうちに一篇の子守唄があった。舞台中央だけをライトで照らしだしたそのなかに、黒いビロウドの一見中国服に似たものを着た「チャム」（シャーマン・巫女）が、「カス」と称する一枚皮の大きな太鼓をもって立っている。そして、ものに憑かれたように遠いところからかえってくる木霊のような声を出しはじめた。うたっているというより、祈りをささげているといった方がふさわしいその発声法は、唇をあまり動かさないのでいっそう変化に乏しく単調に思えるが、次第に内から興奮の渦がつきあげてくるのか、「チャム」の平べったく造りの太い顔が硬直してくるのがわかる。ギリヤーク語を理解できるものは、おそらく満員の会場には一人もいないはずであったから、われわれは、歌詞から内容をつかむというとらえ方ができないかわりに、その呪文のような唄の旋律にひきこまれてしまうのである。たとえば「アリラン」のような哀感をむき出しにした感情の流れといったものとはちがう、もっととらえどころのない広漠とした原野の枯草のさざめきをきく思いが、わたしにはあった。

子守唄というからには、母親や娘たちが小さな嬰児を抱き、やさしい眠りにさそうためのものにはちがいないのだろう。だが、そこには一対一で向きあったときの心のほとばしりとは少し異った、さらに複数的な、みんなの唄とでもいうべきひびきが感じられてくるのである。

ギリヤークは世界でもめずらしい少数民族であり、われわれの同胞なのだが、滅びゆく民族のかなしさをこの「チャム」は、幼ない頃からききうたってきた子守唄に托して訴えているのではないだろうか、そういう気持が蒼白い照明ライトによっていっそうわれわれのからだに濃くやきついてくるのだった。

ギリヤーク人は総人口約四、〇〇〇人といわれ、旧日本領の樺太に約一〇〇人ぐらい定住していたもののうち、戦後二〇〜三〇人が北海道網走方面に引揚げたということだ。その人たちの信仰はシベリアや沿海州など北方アジアに特有のシャーマニズムであり、その発生の根は歴史以前にさかのぼらないととらえられない古いものである。かれらの世界観は、神々の住む天国と、人間の住む地上と、悪霊の住む地下という垂直の関係において構成されている。そして神々に向って幸福を祈るとともに、悪霊を祓い退ける神秘的霊能者がシャーマンである。だから、この場合、「チャム」

は聖女であり、子供のときからきびしい修練のもとに育てられ、本来的な素質をみがいていくのである。「チャム」の宗教的聖能としては、神に奉仕し儀式を行なう司祭としての役割、善神を招き悪霊を祓う呪医としての役割、将来の吉凶を占う予言者としての役割、さらに地下の霊と交流する霊媒としての役割のほぼ四つに分けることができるようだが、ギリヤークの場合は、いろいろの神があってかなり複雑のようだ。

つまり、かれらの信仰の対象である神は「タヤガン」といい、その下に「クッス」という神がつき、さらにその神々には「ギヤハング」と呼ぶ媒介の神があるという。その「ギヤハング」によって「チャム」の祈りと願いとが上部の神に紹介され、そのあとで御託宣があるというから、東北地方にのこっている「イタコ」の神（仏）おろしとはちがって、かなり手間がかかるようだ。

エゾ松をくゆらせた、その朦朧とした場所に「チャム」は佇立し、時間をかけて祈り、霊がのりうつる。「カス」を打ち鳴らすと、一種の自己催眠におちいるわけだが、こうした悠長な祈りと神おろしの方法とが、かれらの子守唄の単調でゆったりした旋律を生み出していると推定できる。相手を遊ばせ、眠らせるためには、自己催眠におちいる一途な祈りが必要であったろうし、そんな風習のなかで子供たちは眠ったのだろう。文化の低い「化外の地」におけるかれらの安眠の世界には「タヤガン」が住み、「クッス」や「ギヤハング」といった神々の翳りがあったにちがいない。

だから、「ねんねんころりよおころりよ」という睡眠の暗示から入っていく夢心地とその声色の本質は、ギリヤークのうたう気の遠くなるようなひびきと別のものではない。

ギリヤークの子守唄をききながら、わたしは母性のなかの〈永遠〉というものを考えずにはいられなかった。それははなはだ独断的な感想である。そのことを読者におしつける権利はいささかもないが、数多くの日本の子守唄の さまざまに花開いた言葉の豊富さにくらべて、歌詞も理解できないにかかわらず、その唄にほんものの子守唄を感じとったということを報告する義務はあろうと思う。

例年催される「全国民俗芸能大会」(第十三回・一九六二)に、いくつかの民謡もうたわれ、東京都からは八王子方面に古くから伝えられている子守唄も出された。絣の着物をきて、小さな人形を背負った小学生が、美しい声でうたってくれ、観客は素朴なよろこびを抱いて拍手したが、わたしは、それほど感動しなかった。そこには「保存」という形式論がさしはさまれていたのである。のこし、伝えるという、もっともらしい献身と愛惜とが大いに働いているが、それだけに「保存」の限界に制約されている不自然さが目立っていた。わたしは、ギリヤークの子守唄の、その〈永遠〉の重さをかう。

そこで、もう一つ得をした。うたった「チャム」の飾り気のないふっくらとした顔つきと丸い輪郭に、太宰治が『津軽』で描いた越野タケのイメージをまざまざと見たからでもあった。偶然というより、こじつけのようにも思えるが、かれの文学アルバムで見たその顔と生き写しだったことはわたしをおどろかせた。

太宰治と子守のタケ

太宰の生家津島家は青森県金木町の素封家であることは広く知られている。そこには当然女中や下男や子守がいたはずである。そのうちでも幼いかれがもっとも影響を受けるのは子守のはずだった。それが「このたび私が津軽へ来て、ぜひとも逢ってみたいひとがいた。私はその人を、自分の母だと思っているのだ。三十年ちかくも逢わないでいるのだが、私はそのひとの顔を忘れない。私の一生は、その人に依って確定されたといっていいかも知れない」といわしめた越野タケである。かれは『思ひ出』のなかでも、タケが病身だったかれの教育に熱心であり、お寺へ連れていって地獄極楽の絵を見せたり、無間奈落という白い煙のたちこめた底知れぬ深い穴の恐怖などを説明してくれたことなどを書いているが、乳母代りに子守として雇われたタケは、小泊の金物屋に嫁にいくまで、つまり太宰が三つから八つまでの六年間そばについていた「忘れ得ぬ人」だったわけだ。

かれは「タケのいる小泊の港へ行くのを、私のこんどの旅行の最後に残しておいた」と、いいことを後回しという自制をひそかにたのしむ趣味を発揮し、三十年ぶりにタケをたずねていくのであるが、姓と名前以外は一切わからぬので、ひどく苦労し、やっとさがし出すと、表戸に錠前がかかって不在、そこで近所の人に行先をたずねると、運動会だという。かれは、またそこへ行ってさがす。この津軽の「人の肌の匂いが無い」「山の樹木も、いばらも、笹も、人間と全く無関係に生きている」風景の一歩手前ともいうべき世界をたどってきて、万国旗のひるがえる「明るい不思議な大宴会」に出会い、かれは心をおどらせるのである。

「海を越え山を越え、母を捜して三千里歩いて、行き着いた国の果の砂丘の上に、華麗なお神楽が催されてゐたといふやうなお伽噺の主人公に私はなったやうな気がした。さて私はこの陽気なお神楽の群衆の中から、私の育ての親を捜し出さねばならぬ。眼の大きい頬ぺたの赤いひとであった。右か左の眼蓋の上に、小さい赤いほくろがあった。私はそれだけしか覚えてゐないのである。逢えば、わかる」というかれの自信のようなものは、異常な強さをもっている。だが、大勢の見物衆のなかからタケを発見できず、帰ろうと思う。そして帰ることを自分の心に強要するために「いかに育ての親とはいっても、露骨に言えば女中ぢゃないか。お前は女中の子か。男が、いいとしをして、昔の女中を慕ってひとめ逢いたいだのなんだの、それだからお前はだめだといふのだ。お前は兄弟中でも、ひとり違って、どうしてこんなにだらしなく、きたならしく、いやらしいのだろう。しっかりせんかい」と他人の忠告を口にしてみるが、やはり去りがたく、金物屋の家の前へまた行ってみると、表戸が開いて、腹痛をおこした少女が薬をとりにきているのに出会う。そして、やっとタケのところへ連れていってもらい、いっしょに運動会を見る。「ここさお坐りになりせえ」とそのとなりに坐らされたとき、かれは「生れてはじめて心の平和を体験した」「生みの親は気品高くおだやかな立派な母であったが、このやうな不思議な安堵感を私に与へてはくれなかった」と感じている。

タケは十四才で、三才の太宰をおぶったという。そして運動会のとき締めていたアヤメ模様の紺色の帯は、津島家に奉公していたときのもので、薄い紫色の半襟もその頃もらったままのものだと告白している。運動会を見ながら、肩に波をうたせて深い長い溜息をもらすタケは、言葉をあまり発しないが、やはり、「平気ではないのだな」とかれをしてそう思わせている。それから二人は桜を見にいくのだが、タケは八重桜の小枝を折りとって歩きながらその花をむしり、地べたに投げすて、やっと能弁になる。

「おまえの顔を見てもわからなかった。修治（太宰の本名）だ、と言われて、あれ、と思ったら、それから口がきけなくなった。運動会も何も見えなくなった。三十年ちかく、タケはお前に逢えるかな、逢えるかな、とそればかり考えて暮してゐたのを、こんなにちゃんと大人になって、タケを見たくて、はるばると小泊までたづねて来てくれたかと思ふと、ありがたいのだか、うれしいのだか、かなしいのだか、そんなことはどうでもいいぢや、まあ、よく来たなあ、お前の家に奉公に行った時には、お前は、ぱたぱた歩いてはころび、ぱたぱた歩いてはころび、まだよく歩けなくて、ごはんの時には茶椀を持ってあちこち歩きまわって、庫《くら》の石段の下でごはんを食べるのが一ばん好きで、タケに昔噺《ばなし》語らせて、タケの顔をとっくと見ながら一匙ずつ養はせて、手かずもかかったが、愛《め》ごくてなう、それがこんなにおとなになって、みな夢のやうだ。金木へも、たまに行ったが、金木のまちを歩きながら、もしやお前がその辺に遊んでゐないかと、お前と同じ年頃の男の子供をひとりひとり見て歩いたものだ。よく来たなあ」

太宰は、そこで、自分が兄弟のなかでひとりだけ粗野で、がらっぱちのところがあるのは、「この悲しい育ての親の影響」だったということに気づいている。このことは、かれの〈家〉に対する反逆性のあらわれ方と関わりをもつ問題のはずであるが、ここでは詳細にはそれに触れないけれども、わたしが、長ったらしく太宰と子守との関係を述べてきたのは、子守と、守りをしてもらった人間との結びつきについて考えてみたいからに他ならない。

つまり、

(1) 子守のもつ教育の力とその影響
(2) 「家柄」を誇るところでの生みの親の位置と愛情
(3) 思春期(あるいは青春期)の子守の感受性
(4) 後年における育ての親としての誇り
(5) 子守を慕う人間の心情とナルシシズム
(6) それらの異常なまでの慕情と子守唄の性質

という具合に、問題を拡大し同時に収斂することができるからである。(1)については、あとで

「遊ばせ唄」の章でとりあげることにし、その他に少し補足を試みてみたい。

(2)は母性愛の欠乏による子供の不幸ということに要約されるが、太宰にかぎったことでなく、格式高い封建色の濃厚な家においては、親子の関係が冷たく、たがいに距離をおき他人同様になりがちで、昔の皇族、華族などが、里子にやる風習を通じて親子の人間関係を遠々しいものにした多くの事例をわれわれは知っている。夏目漱石などはその地点を回避することができなかったところからかれの文学の基本的態度を固めたといえるし、ひろく映画などで知られている下村湖人の『次郎物語』のテーマもその辺にあった。

この場合、太宰の母親のみが罪をかぶせられていいものではない。こうした「家」の権威のかげで疎外されていく親子の関係に眼を注ぐとき、富と支配力とをもった「家柄」のもつ矛盾がはっきりしてくるはずであり、それはまた、「女の深淵から」で述べることになる被支配階級における苛酷な愛の表現と向きあう性質のものであろう。その間隙を縫うようにして(3)(4)の子守の位置が確立されるのである。もちろん、この津島家における越野タケの存在は恵まれた部類に属するので、結びの方で述べる「流浪の痛み」の章などに出てくる子守娘とは比較にならぬ楽なものではあるが、人間同士の愛情の交流の深さに、偽わりはあるまい。だから、(4)のような誇りをもってタケは漁村の貧しい生活にも耐えたのかも知れない。なぜなら、(2)の穴うめをすることによって、タケはただの子守ではなく、わが子を愛する庶民のたくましさを内に詰めて母の座標をもち得たのである。太宰が、タケのなかに〈母〉を見るのは、(2)の不幸のせいであり、同時に、日本の士族や豪農のかかえこんだ人間疎外に対する、きわめてヒューマンな反抗のせいといわねばなるまい。そこからわれわれは、矛盾に満ちたこれら村の支配階級に対する太宰の〈かなしき抗議〉の唄をよみとる必要がある。

かれの文学を支える一種のデカダン的なナルシシズムの源は、やはりその「悲しい育ての親の影響」であるとともに、子守唄を心こめてうたってくれた庶民の、粗野だが、シンのある愛情への思慕にあるというべきだろうし、さらにその問題が、太宰個人の世界を超えて、ひろくわれわれの個個の内部に具体的に入りこんで、(6)を考えさせる方向に発展していくのだ。

中国地方の子守唄

だれしも子守唄をきいて育ったというのは、少し抽象的な言い方にすぎよう。年配の読者とそうでない人びととの環境のちがいもあろうが、わたしたち戦中派にとっては、直接母親から子守唄をきいたという経験が乏しい。戦争の激化につれていろいろ苛立つことが多くなっていったからか、農繁期などは田の畔で莫蓙の上に寝かされ、泥をなめ、ときには自分のたらした小便の上に顔をうずめて泣いていたような気がする。子守などやとうこともなく、親たちは黙々と唖のように田を耕し稲や麦を刈っていたようだし、母の乳房に麦の穂の匂いがしみていたことだけを想い出す程度のわたしにとって、「中国地方の子守唄」の強烈な印象は、いまも消えない。わたしの生れた土地の唄でもなければ、直接母からきいたものでもないのに、その説得力の大きさは、いま考えてみると、戦時中のただ一度の生命のときめきをたしかめさせてくれたものだった、と断言できるのである。

・ねんねこしゃっさりませ　寝た子の可愛さ
　起きて泣く子の　ねんころろ面憎さ
　ねんころろん　ねんころろん
・ねんねこしゃっさりませ　今日は二十五日さ
　あすはこの子の　ねんころろ宮まいり
　ねんころろん　ねんころろん
・宮へまいったとき　なんというておがむさ
　一生この子の　ねんころろまめなように
　ねんころろん　ねんころろん

第一節の、起きた子と寝た子を対比させる唄は、全国各地に類歌があり、第二節の唄は「ねんねしなされ、今日は二十五日、あすはおまえの宮まいり」（京都）と、第三節の場合は「神《のの》へまいったら何というておがむ、一生あなたのまめなように」（滋賀）、「宮へまいったら何というておがむ、一生この子が息災に」（兵庫）という形で多少のニュアンスのちがいはあるが、中国から関西地方にひろくうたわれていたことを証明することができるし、こういう類歌の出てくる原因として、民衆のボキャブラリーの貧困と人的交流の問題があげられるが、この唄のもつ母性のやさしさと、おおらかさは「眠らせ唄」の典型としてとらえることが先決であろう。

わたしが、はじめにこの唄をとりあげたのは、これが最初にきいた子守唄であったという理由のほかに、少年期の生と死の暗い谷間で、人間らしい声をきいたよろこびを味わうことができたということと、戦争のさなかに生きた母親の重い感情を推測できたからであった。ドイツ映画『望郷』をわたしたちは国防色の学生服を着たまま講堂で汗びっしょりになって観た。勝つことよりも生きることを、この映画はドイツ兵の地下の牢獄を通じて描いていたように思う。その後、間もなくして某声学家がわれわれの前で「中国地方の子守唄」（山田耕筰編曲）を独唱してくれたのだが、その美しい調べのあいまに、先日観た映画のドイツの捕虜が、地ひびきを耳でたしかめ「友軍だ！」と絶叫したその声がきこえてくる思いがしたのである。わたしは、焼夷弾や爆弾がおち機銃掃射を受けても、とにかく「生きねばならない」と思った。それは言うまでもなく母親の愛情に対してもそうでありたいという気持からであった。わたしの兄たちが二人戦場にいたから、武運長久をねがう母の宮参りがどんな意味をもつものかも理解ができたのである。戦争に勝つことよりも、腹をいためたわが子が「まめなように」祈る母性のわがままは、わたしに自分を愛しむ意志を固めさせたというべきである。「中国地方の子守唄」は、わたしの覚醒の一点鐘だった。

わたしにとって子守唄の記憶といえばそんなものでしかないが、母からきいた話は、平凡なものだったけれどわたしにはショックだった。正常のようでいて異常な感じを与えるそのエピソードは、わたしに子守唄論を書かせる動機の一つともなった。

母からきいた話

母は明治二十年（一八八七）生れで、その実家は富農だった。その曽祖父は久留米有馬藩の足軽（?）として参勤交代の折り江戸で客死しているが、代々郷士みたいな存在だったから、当然子守をおいたのであろう。

その子守は母より七つばかり年上のMという人で、偶然にも母と同じ村に縁づいた。二人は会えばときどき昔話をするが、その話題は美しいものだけを繰返すようなものだったらしい。母はMさんが十才か十一才の頃自分を背負ったまま便所に行ったことを話した。腹痛をおこしたときなどは、一日に何回となくお伴をさせられたというユーモラスな話をし出すと、M婆さんは「そういうこともあった」と笑い出すのである。

母はMさんの結婚衣装などはいっさい自分の実家でつくってやったという気持をもって接し、それで恩をきせようというのでなく、守と子との人間関係をそのためにいっそう緊密にしたかったらしいが、M婆さんの内部にはもっときびしい何かが巣くっていたのであった。

M婆さんは小さな雑貨屋をはじめた。男の子も何人か産んだが、その嫁が気に入らぬと叩き出し参謀格の娘に養子をとったがその夫婦も別居させた。ブラジルに移民させた男の子もあり、満蒙開拓義勇軍にも小学校高等科を出たばかりの男の子を送って、いわば村の女傑になっていた。文字が書けず、複雑な計算もできないのに、主人をのけものにして商売を拡大し、戦時中は塩、砂糖、木炭、煙草などの配給元となった。

闇取引が流行しはじめた。米をもって裏口から出入りすると手に入ることが多く、警察官も簡単に買収された時代である。わたしが中学二年生のときであったと思うが、母が涙を流さんばかりにしてM婆さんの家から帰ってきたことがある。米をもってきた百姓に砂糖をわけてやり、金しか出せない自分にはどうしてもわけてくれないというのだ。わたしの家は中農で水田一町五反歩を耕し、二人の兄が戦争に出ていたから、わたしと兄嫁と母と姉とでやっと経営していたものの、一粒のこらず供出させられ、配給米を受けていたので、米で闇をすることができなかった。

「こちらはMさんに人一倍親しみをもっているのに、一も二もなく突きはなされた」と母は憤慨しているが、M婆さんはがめつさに徹していたし、何十年と苦労を重ねてくるうちにできあがった女の意地にもまた徹していたにちがいない。もはや、子守と子との人情など一たまりもなく崩れ去っていくほかない地点に立たされていたのであろう。母は自分の好意が裏切られたかのように失望し、怒っていたが、そういう人情の甘美な部分を踏みつけることで自分の苦労が報いられるのだという、図太い生き方をM婆さんは確立していたわけである。それは長い苦痛な時間への復讐でもあった。

わたしは、M婆さんを尊敬する気になった。多くの子守娘たちが、おしひしがれた生活をはねのけて力強く、一途に生きぬいてきたとしたら、M婆さんのようなタイプの人間になるのではあるまいか、という想定のもとで、逆に娘時代の子守像を描き出すことができるのである。

わたしの村は筑後柳川のとなりで、その地方では「子守あんちゃん」と言っていた。柳川では「あいやん」と呼び、良家の娘「おんご」と区別している。北原白秋は「AIYAN」と書いた詩をのこしているが、「JOHN」と呼ばれた白秋は、「あいやん」に育てられたはずである。

この地方では、いわゆる子守唄というものがなく、民謡と称せられるものも少ない。だから子守が唄好きでなかったのかどうかその辺は不明だが、いまでも「ねえれ、ねえれ、はよねえれ」をリフレーンするか、「おんご、おんご、おんごばい」とか、「ごうせろ、ごうせろ」という、まったく芸のない眠らせ方をする。「おんご」は良家の娘だが、「よい子」のことになり、それをリフレーンすれば「よい子だ、よい子だ、よい子だね」というどこにでもある「眠らせ唄」の導入部と重なる。「ごうせろ」の「ごう」はイビキの音を指す。イビキをかいて眠れ、というのである。

こうした唄の不毛地帯に生れて考えると、子守娘と呼ばれる女たちが少なかった事情がやはり経済的な問題から発しているということがわかる。この筑後平野は全国有数の米穀の産地で、その反当り収穫高も他を抜いており、さらに機械化もいわゆる「佐賀段階」に準じて進められてきた。そういう背景があり、百姓は土着の思想に徹し、出稼ぎが少なかった。他の地帯へも出ないかわりに、田植や収穫時以外は他から労働力を借りることも少なく、自分のところでいっさいまかなうという習慣が一般化している。それは、保守王国と呼ばれる原因ともつながり、農本主義の土壌とも言われるわけだが、そういう農村だけに娘たちは自宅で弟や妹の守をし、学校を終えると結婚まで農業の手伝いをするというふうだったから、子守をよそからやとう必要はなかったのだ。「集団就職」という用語が現実化しはじめたのはここ二、三年来で、それまで次三男や娘たちは大牟田の工業地帯か久留米のゴム産業に通勤の形で就職するものが多かったからである。

だから、わたしが母から子守唄をきかされたことがないのも当然で、むしろ母が子守に育てられたというのが意外なくらいである。しかし、そのことはこの地方の母親たちが子守唄の心情に遠く住んでいたということにはならない。「ごうせろ、ごうせろ」という芸のない単純な声でもいいのである。いまわたしは、子守唄の鑑賞家たり得なかった不幸よりも、母親たちの愛のきびしさの不足が婦人の目覚めをおくらし、男性中心の封建性の強い保守王国をそれがゆるぎないものにしてしまったことを、より不幸だと思う。恵まれすぎた風土のゆえに、人間性に屈折や深みが欠け、思考が平面的にすぎる〈思想の後進地帯〉における文化の現象的な華やかさを思うと、母からきいたM婆さんの話さえいまは捨てがたい気がするのだ。

Ⅱ 「眠らせ唄」と「遊ばせ唄」

わらべうた

子守唄を「わらべうた」の一つと考える向きがあり、それは完全にまちがいとは言いきれぬ面もあるが、よく注意してみると、うたう主体が「わらべ」でなく、きく客体が「わらべ」であるという一般の「わらべうた」とは性格のちがったものであることがわかるだろう。そういう主体と客体の関係を無視した、歌詞と歌曲とから雰囲気として「わらべうた」に繰りこんでしまう傾向は、現代のマスコミの世界にもある。しかし、不思議なことに、そういう取扱いをされてもおかしくない面もある。大和田建樹編の『日本歌謡類聚』（下）は「わらべうた」を「手鞠唄・遊戯唄・子守唄」と分類し、志田義秀のように児童歌を「活動的遊戯歌」と「静止的遊戯歌」というふうに大別し、前者に「鞠歌・羽子歌・子守歌・其他の遊戯歌」を含ませた分類の仕方はいずれも明治中後期のものである。高野斑山・大竹紫葉共編の『俚謡集拾遺』（一九一五）

ては「手鞠唄・手玉唄・羽子突唄・子守唄・気象の唄・歳時唄・遊戯唄・雑謡」というわけ方をしており、北原白秋編で企画されそのうち三巻だけしか出なかった『日本伝承童謡集成』などは、その分類に近い形をとっているようだ。

ことに「子守唄篇」は、浅野建二氏が『わらべうた』の解説で触れているように「その中に種々の労作唄や盆踊唄、婚礼の祝言歌、門附等の芸能歌が混入しているものもあるし、子守唄の中には、子守自身がなぐさみに歌う一種の労働歌ともみるべきものがある。しかもそれらは、どちらかといえば、むしろ詞曲共に民謡に近いものが多い。また手毬唄とお手玉唄との交流などは普通のことであるし、他に子守唄と手毬唄との交錯もかなり多い」ことが目立つ。白秋系の詩、歌人などの地方在住者によって集められたその本は、たしかに精選の必要と手間をはぶきすぎた感じを与える。近年その編集者の一人であった藪田義雄氏の『わらべ唄考』（一九六一）が出てその欠点を補われているが、いずれにしろ、子守唄は「眠らせ唄」と「遊ばせ唄」という唄の性質から二分され、それを「わらべうた」に入れることの無理を問題にしているのはいいとして、うたう母親の内面や子守娘の心情の秘密が欠落しそうな傾向があることにわたしの不満があった。「わらべうた」では当然その限界があるわけだが、たとえば「日本民謡集」「民謡紀行」と名のつく著作でも、その問題は軽視され、黙殺されてきたというべきである。そうなると、子守唄の謎は、どの領域からもはみ出して解明の手がかりがつかめずにそのままになってきたことになる。

分類の正確さは求められねばならない。だが、うたわれ方、遊びとのつながり方といった立場からの詳細な分類が、そのために、うたう人間の存在と心情とを拭い去ってしまうということがあっては、唄が学問的な位置づけを得たかわりに人間そのものから遊離していく結果となろう。と同時に、いまその唄がうたわれているかそうでないか、つまり「採集者にとって大切なものは、初めには先づ活きて居るか、死んで居るかの見分けである」とする柳田説も、その段階はいまや過ぎたのではないだろうか。唄は、あたらしい流行《はや》り唄によっておしつぶされ、消されていく運命をたがいにもっているし、たとえ今日多くの人びとからはうたわれなくなったものでも、歌曲としてでなく唄のもつ思想と人間の関係を、生きた今日の人間に照応させ再検討する作業がなされてしかるべきである。その意味で、民謡蒐集の自然発生的な方法を克服する試みがなされる必要があり、そういう分類の盲点を衝いて、とりあえず欠落されがちな部分に照明をあてるのが、本書のねらいなのである。だから、一応「わらべうた」というジャンルにこだわらず、子守唄そのものを少しずつ掘りさげてその深部の鉱脈に触れてみたい。

眠らせ唄

「眠らせ唄」と「遊ばせ唄」に大別するのはいいが、はっきりこの両者が峻別できない場合がある。「遊ばせ唄」を口ずさみながら、時間をかせいで眠らせようとすることもあろうし、ときと場所によってそれぞれの機能が変ることもあり得る。しかも、母親が自分の子供をそうするときと、子守がそうするときは、歌詞の背後にあるものは多少ちがってくるだろうし、母親が自分自身の生活をそこに投影させるのと子守が自分を含めて動かしがたい周囲の力関係をそこになすりつけている場合とでは、問題のあらわれ方が異ってくる。

それから「眠らせ唄」にも長いのと短かいのとがあり、長い方が古くからある。長いのは、短かい七七七五の形式をリフレーンさせるより効果があったし、その物語性のヤマあるいはサワリの部分が出てくると、きく側よりむしろうたう側がそこに小さい感興をもよおすことにもなったようである。もちろん、少しものわかりがよくなった子供に対しては、おもしろい筋が問題となり、それがあるために子供がいらだった神経をやわらげることにもなったはずで、内容としては取るに足りない筋や事件の効果は、とにかく大きかったことは事実であった。

節をつけると、その筋はサワリの部分をいっそうきわだたせる。それを子供も承知の上で、うたってくれることをひそかに待っている。そこには、うたう側ときく側の平行線の心情の流れが出てくる。ことに、現実の重々しさをもりこんでいない唄の場合は、その両者に対話が生じにくいのである。

ここで「眠らせ唄」の傾向をみてみると、大ざっぱに二つにわかれるようである。

(1) 夢のような気分にさそいこむ唄

(2) 怖がらせる唄

(3) 笑わせて気持をゆるめる唄

となり、(1)は「いいものをやるぞ、めずらしいところへつれていくぞ」というもので、(2)は「こわい××がやってくるぞ、はやくねむれ」というもの、(3)は、うたう方が自然に吹き出すようなおかしみをもっているものであればいい。

(1)から少しひろってみよう。

・ねんねんころりよ　おころりよ
坊やはよい子だ　ねんねしな
坊やのお守はどこへ行た
あの山越えて里へ行た
里のおみやになにもろた
でんでん太鼓に　笙の笛
おきゃがり小法師に豆太鼓（東京）

これが、いわば子守唄の代表みたいに思われているもので、宝暦、明和の頃からうたわれていたといわれる古いパターンをもっている。それだけに数多くの類歌を各地にもたらしてもいる。東京にもっとも近く交通の上からも類歌のできる条件をもっていた神奈川県には「おばばどこゆく手に花さげて、嫁の在所へ孫抱きに」がはじめにくっつき、でんでん太鼓に笙の笛がやはりみやげの品になっている。

子供のよろこぶものとして「金銭」や「脇差」などをあげたものもあり、次の唄はそれが水戸の気風を背景にしているのでいっそうおもしろい。

・勘定、金箱、千両箱
千両でもとめた小脇差
小脇さしてどこへやる
国は鹿島へ帯買いに
帯は七たけ　価　は八十
三文高いとてお買いやれ　(茨城)

また食物や飲み物を織りこんだものが多いが、つぎの唄などは一考に値する。

・ねんころやぁえ、こうろころ
ねんねこしておひなたら
小豆まんまさ肴《ごろ》かてて
もしもそれがおいやなら
白い飯《まま》に　鮭《さけ》の魚《よ》
もしもそれがおいやなら

餡《あん》ころに醤油団子
もしもそれがおいやなら
たん切り（ひらたくのばした切った飴）に胡麻ひねり
菱コ に飴玉　麦煎餅
もしもそれがおいやなら
つづきパンコに麦まんじゅう
もしもそれがおいやなら
芋コに土芋《ほど》コに里芋コ　（岩手）

この唄は「おらが坊やが寝たならば、小豆まんまに魚かけて黄金のお箸で進ぜ申すぞ」（山形）などの唄と共通するもので、白飯に鮭の魚をおかずにして食べることなどとうていできないだけに、眠ったらそういう夢をかなえてやるぞとうたっている。米がとれないので、雑穀に芋などを常食とした岩手の農民のかなえられることのない願いが、このさりげなくうたわれる「眠らせ唄」のなかにこもっている。この唄のできた年代は不明だが、たとえば、昭和初期の岩手の山村における食料記録があって、その内容をみていくと、唄の背景をなす農民の現実が少しずつ浮彫りにされてきはしないか。

二十四日　ひえ一合、麦五合、めの子（こんぶの粉）二合

	反当平均（石）
青　森	0.87
岩　手	0.85
宮　城	1.19
秋　田	1.44
福　島	1.25

明治40年（1907）反当収穫高

△朝　きゅうりづけ、ささげ汁

△昼　朝と同じ

△夕　麦かゆ　生みそ（ペロペロなめる）

二十五日　ひえ一升、大豆五合

△朝　きゅうりづけ、ささげ汁

△昼　芋の鍋ふかし、生みそ

△夕　ひえのかけ、きゅうりづけ

二十六日　ひえ七合、麦五合、ならの木の実一升

△朝　ならの木の実、ひえのかけ、きゅうりづけ

△昼　朝と同じ

△夕　麦かゆ、とうもろこしの鍋ふかし、菜っぱづけ

二十七日　ひえ五合、麦五合、ならの木の実一升

△朝　ならの木の実、ひえのかけ、菜づけ

△昼　芋の鍋ふかし、菜づけ

△夕　ならの木の実、菜っぱ汁

二十八日　ひえ五合、ならの木の実一升

△朝　ならの木の実、ひえかゆ、菜づけ
△昼　芋の鍋ふかし、菜づけ
△夕　ならの木の実、菜っぱ汁
二十九日　ひえ一升、ふすま二合、麦五合
△朝　小麦じる、はつとう、きゅうりづけ
△昼　同じ
△夕　麦かゆ、みそ焼き
三十日　ひえ一升、麦一升、ささげ二合
△朝　芋の鍋ふかし、菜っぱ汁
△昼　同じ
△夕　麦とささげのかけ、みそ焼き

これは九戸郡山根村の記録（森佐一）で家族が十五才以上四人、以下五人の八月二十四日から一週間分の食事内容だが「ここでは明治も大正も昭和も、げんろくも足利もないであらう、バカにしてやがる」と怒りをぶっつけ「六十日続く旱天に　今年はひえ作三合です」「食ふものがなくなったら　土でもかじるであらうか」（一九二九・『学校詩集』）と訴えかけている事情を重ねあわせると、子守唄における「白い飯に鮭の魚」がいかに無縁の夢であるかがたちどころに理解されよう。

しかし、母親がそういう唄を口ずさんだとき、とらえどころのない目あてを定めているから、いっそう自分たちの現実の悲惨さが胸におしかぶさってきたにちがいない。この夢は農民の願いであったが、可能性を一かけらももっていないニヒリスティックな気分を漂わせる、嘆息そのものであったのだろう。

・ねんねんさいさい　酒屋の子
酒屋がいやなら嫁に出す
寝ろでばや寝ろでばや
箪笥《たんす》、長持、はさみ箱、
これほど重ねてやるほどに
寝ろでばや寝ろでばや
二度とくるなよ　この娘
おどちゃん　おがちゃん
そりゃ無理よ、
寝ろでばや寝ろでばや　（宮城）

この「仙台地方の子守唄」は、「ねんころさいころ酒屋の子」というのが兵庫県にもあり、こうした導入部分から起承転結を追っていくのがひろく全国的に行きわたっている。わりあいに個性の乏しいものであるが、さてつぎの唄は着物を与えようとする唄である。

・ねんねんねんねんよ
坊やがねんねのそのひまに
糸取り機《はた》織り　そめあげて
三つの祝に三つ身きせ
五つの祝に四つ身きせ
七つ本身《ほんみ》にたつならば
尽くせ世のため　人のため　（福岡）

これが「黒田節」（筑前今様）と同じ地域で生まれ、「すめらみ国の武士《もののふ》は、いかなることをかつとむべき、ただ身にもてる誠心を、君と親とに尽くすまで」の「身」が「世のため人のため」「尽くす」と関連していることに興味がもたれる。黒田藩は「黒田節」のもつ内容を地で活かした右翼的風土（頭山満の「玄洋社」や中野正剛から緒方竹虎にいたる系譜がある）だけに、七五三の祝を「忠孝」につなげている「眠らせ唄」として異色である。

その博多から玄海灘へ出ると、元寇のとき大きな被害を受けた壱岐島（長崎県）がある。そこの「壱州子守唄」あるいは「壱岐の子守唄」といわれるのも、食物であるが、岩手の場合とはちがうので引用してみよう。

・ねんね　ねんね　ねんねよ
ねんねねんね　こんぼう（こども）よ
ねんねさんせ　とこさんせ
あした早う　起けさんせ
ぼっちん搗いて食わしゅうぞ
搗いていやなら焼いて食わしゅう
焼いていやなら炊いて食わしゅう
炊いていやなら生で食わしゅう
ホリャ　ホリャ　ホリャヨ
オーオー　オーオー　オーオーヨ　（長崎）

内容としては単調であるが、冠婚葬祭にはきまって餅を搗く九州の習俗と、水田に恵まれない壱岐島の食料として餅が高級のものであったことがここに暗示されているようで、「……がいやなら」と次第にうまくないもの、食べにくいものへ進んでいくのは、岩手の「白い飯に鮭の魚」から「芋コに土芋コに里芋コ」とおちていくのと共通している。早く眠らなければ分が悪いと思わせる一つの効果がそこに掛けられている。

(2)について調べてみよう。

・ねんねこねてくれ　いい子だね
かんかち山のとら猫が
人さえ見れば喰いたがる
二人を見ればのみたがる
いい子だね、ねんねしな（千葉）

・ねんねんよ　おころりよ
寝ろてばねねえか　この餓鬼《がき》め
ねねえとねずみに引かせるぞ
笑うとぞうりをはかせるぞ
泣くと長持背負わせるぞ
ねんねんよ　おころりよ（栃木）

・さぶや北風　かわいや子ども
サイの河原で石をつむ
つんだと思えば鬼がでて
こわしゃよけつむ
つみゃこわす（岐阜）

・寝ろじゃ寝ろじゃ　寝たこーえ
寝ンねば山がら化物《もつこ》ぁくるぁね
寝ェろじゃ　寝んねこえ　（青森）

・オーワイヤー　オワイヤー
オワイヤーヤレーアレー
寝っと　ねずみに引かれんぞ
起《お》ぎっと　夜鷹にさらわれる
オワイヤー　オワイヤー
オワイヤレーヤーアレー　（山形）

・ねんにゃこ　コロチャコ
ねんにゃこ　コロチャコ　よーよ
おれの愛《め》で子どさ
誰ァかまて（からかって）泣く
誰もかまねどひとりして泣く
ねんにゃこ　コロチャコ
ねんにゃこ　コロチャコ　よーよ

向ェの山の白犬コよ
一匹ほえればみなほえる（秋田）
・ねんね　ねころばせ　筑波山
筑波の山には猪《しし》がいる
猪は三匹じゃが
一匹ほえればみなほえる（茨城・千葉）

泣いている子供にとって「とら猫」や「ねずみ」や「鬼」や「もっこ」は怖いものにちがいなかった。(1)と(2)のどちらの効果が大きいか、それは即断できないが、例の「おおかみ」の寓話における教訓に通じたものがあったろう。あまりそのテばかり使っていると、しまいには恐怖感が薄れていくこともあるだろうし、(1)の夢を与える唄があてにならないものになってしまう事情の裏返しとして、当然効力を失いつつあったという見方も成り立つ。

右にあげた七つの例の四番目のは「津軽地方の子守唄」で、かなり古くからうたわれていたし、東北の子守唄の一つのピークともいえるものであるが、これも全国的にひろく類歌をもっている。たとえば「ねたら山の雉子《きじ》の子、おきたら妖怪《どんご》にかぶらせる」（山口）のように、対句的表現をとる場合が多いことに目を向ける必要がある。二者択一の平板なテにはちがいないが、子供の感覚にはこの方が効果を高めたろうし、小さな魂をちぢみあがらせたろうが、きく回数に反比例して恐怖感が遠のいていく結果になることはいなめない。

・でんでん　こぼばし　ごうろごろ
小刀《まきり》コ　とげだが
とげだがよ
娘いたが
小刀もった雪女
太股《よろた》の肉とりねきた　（青森）

これなどは一種の鬼気感といったものがあって、子供には衝撃を与えたろうと思われる。そこには皮膚の感覚から入ってくる恐怖感がある。

秋田男鹿半島にのこる「なまはげ」の奇習や「ナモミタクリ」「ヒカタハギ」「スネカタクリ」などという「ナモミ」（火斑）を刃物ではいで喰べるまねをする苛酷な一連の行事と関連していることは一見してわかる。小正月の男鹿半島には、鬼面をかぶりからだに海草や藁などでつくった簑《みの》を着けた、手刃庖丁をもった異様な鬼たちが「ウオーウオー」と叫び声をあげてまわる。家々を訪問し、炉端で酒をのみ、むっくと立ちあがった鬼たちは「よぐねえ餓鬼はいねえかア」と叺えるように言い、「ナモミコはげたかはげたかよ。庖丁コ磨げたかとげたかよ、小豆煮えたか煮えたかよ」とうなる。この刃物で生身を剝ぐ恐ろしさを右の子守唄はうけついでいると思われる。「なまはげ」の鬼でなく、「雪女」にしたのもおもしろく、鬼は酒をのみ叫びをあげるが、実際には生身を剝ぐことはないし、一時の恐怖感も時間がたてば消え失せていく。だが、雪女の存在はときとしてはメルヘンの世界、民話の世界で、人びとにその正体を見たいと思わせる対象として生きているものだけに、「小刀もった雪女」は「なまはげ」の鬼以上に殺意の可能性を秘めていると信じられたのではなかろうか。

こうした北国のきびしい精神風土と「眠らせ唄」との関連は、ひどく生活的であり、生命的であるために、うたう主体としての母親の内的風景がかえって色濃くあらわれてくるのだ。

生活の多忙さと貧しさとに追いうちをかけられている、荒々しい、雑な、かなりニヒリスティックな気性の母親たちにとって、かなえられることのない夢を、子供におしつけるむなしさにさらされるより、恐怖心をあおりたてることの方がずっとてっとり早かったにちがいない。そんなとき、何かを外から与えるというような対象との距離感はあってはならなかったろう。母親は主客を転倒させ、みずから「もつこ」や「妖怪」や「雪女」になりきっていたのである。形相を変えて怒りつける母、怖いものをもち出して、無理に子供を眠らせようとする眼疾の母たちの像を想い起こしてほしい。そこには、あまい女は棲んでいなかったかも知れないし、また、別の言い方をとれば、女が女でなくなろうとする瞬刻がそこにつながって脈うっていたのである。そういう重々しい時間の集積の上に、女は失った温かい甘さをとりもどそうとつとめたにちがいない。この小さな覚悟の声を、われわれは「眠らせ唄」の(2)を通じて確認する必要がある。

さて(3)について考えてみたいのだが、笑いをかもしだす唄は、七七七五の短かいものにはあまりなく、綿々とつづく叙事的な唄に多い。しかし、それが必ずしも「眠らせ唄」でなく、うたい、語りながら、その筋のもつおもしろさにおたがいが酔っていくという、いわば「笑いの共有」といった形にひろがる性質のものが多い。

もちろん、短かい唄に皮肉を織りこみ、笑いの渦を設定することの困難さは、他ならぬうたい手たちが一番よく知っていたわけだから、今日われわれが、近世庶民の笑いを顕現した川柳を理解するような態度で、それにたち向うのは正しくないし、収穫の少ないものになろう。だから、後の章で述べる「博多子守唄」のような諷刺のきいた、テーマのしっかりしたものはあまりないという結果になる。これらは「遊ばせ唄」を含めて、民謡や俚謡との関係もはっきりさせながら、別章「庶民の笑い」で総体的にとりあげることにしよう。

いままで「眠らせ唄」の三つの柱をそれぞれの見地から調べてみたが、ここでまとめてみると、こういうことになる。

「眠らせ唄」は本来はもちろん子供を対象として、子供のためにあったが、しかし、それが独白の形をとる以上、当然うたう主体そのもののために何らかの機能をはたすという結果になるのである。子供に夢を与えたり、おどしたり、笑わせたりしているうちに、相手が眠ってしまうと、いらだった母親の神経は徐々に軟化し、いつのまにかそこはかとない安堵が漂ってくるものである。モノローグは、相手が眠ったあとでは、眠らせるときとはまったく異った性質を帯びてくる。索漠とした荒々しさから、次第に無我の時間におし流されていく転位の経過は興味ぶかい。それは憩いへの道でもあった。子供を眠らせたあとに、自分もまた生活の重荷からしばらく解放されることがのぞみであった。ということは、生活者の欲望、つまり母親のもつナルシシズムが、他からのあまくやさしい愛を期待できなかった反作用として、身内深く一かたまりの恍惚感を湧きたたせたということであって、そこに、日本の女の求愛の倒錯を見ることができるのである。

ここで、明治十年（一八七七）来日したエドワード・モースの日本見聞記『日本その日その日』を引用してみよう。

「赤ん坊が泣き叫ぶのを聞くことはめったに無く、母親が赤ん坊に向って癇癪を起しているのを見たことがない。私は世界中に日本ほど赤ん坊のために尽す国は無く、また日本の赤ん坊ほどよい赤ん坊は世界中にないと確信する」「子どもを背負うということは至る処で見られる。婦人が五人いれば四人まで、子どもが六人いれば五人までが必ず赤ん坊を背負っていることは、著しく目につく。時としては背負う者が両手をうしろに廻して赤ん坊を支え、またある時には赤ん坊が両手を前につき出して馬に乗るような恰好をしている」

これはあまりに表面的にすぎよう。ここには形がとらえられているわりに真実がない。旅びとの眼に映った日本の母親がそうであったとしても、子供を抱き、背負って「眠らせ唄」を口ずさむもののの主体の根は、もっと深く、歪み、ねじれ、そして強固であったはずである。子守唄があまいムードに支えられていると考えがちなわれわれ一般の誤解と、こういう外国人の観察の誤謬とが、結局は同じものであるということを、ここでわたしは言いたかったのだ。

遊ばせ唄

「眠らせ唄」とちがって「遊ばせ唄」は、表現のおもしろさが筋と重なってつづく必要があり、同時にまたこれはようやくききわけができるようになった子供に対する感情教育の役割もはたすものだった。「言語の一年生に向って、物と音韻とを繫《つな》ひで考えさせせんとする、一種の絵入りの教科書の如きものであった。かうして教へておくから独りで遊ぶやうになれば独りで歌ひ、また年上の児の中に混って共に苦しむことを得た」（柳田国男・鹿角郡の童謡）という意見は正しい。この独りで遊ぶようになって独りでうたうところから、「わらべうた」と子守唄の合一点がはっきりしてくるので、きき覚えたものが自分のものになってうたわれるとき、子供の感覚とはひどくくずれたものが平気でまかり通るという現象がおこる。大人の唄がわらべの口にのぼって「わらべうた」となっていく道すじが、「遊ばせ唄」の発展とからみあっていることを忘れてはならない。

だから、「遊ばせ唄」には、右のような関係から「わらべうた」に転化していくものと、やはりそれは無理であくまでも子供を遊ばせる側だけに通用する、技巧的なすぐれたものとが当然区別されていなければならない。子守娘たちがわが身の辛苦を唄にしたのは「遊ばせ唄」的な要素をもちながら、一種のモノローグ化したものになっていたために、七七七五の短かい形をとっていることも頭においておく方がいいだろう。「守っ子というもの辛いもの、雨が降る時や宿がない、おかかにゃ叱られ子にゃ泣かれ」という口説きの一節などは、叙事的な子守唄や「わらべうた」としての子守唄とのどっちにもきちんと所属できない孤独な立場にあるわけである。

次の「三丁長嶺《さんちょうながね》」は美しく格調の高いものとして特筆されていいだろう。

・三　丁　ヤーハエー　三丁長嶺の
　三丁長嶺の　桜の木とや
杣《そま》(きこり)を　ヤーハエー　杣を頼んで
　杣を頼んで　木を取ったとや
木《こ》挽《びき》　ヤーハエー　木挽頼んで
　木挽頼んで　挽き割ってとや
人《にん》足《そく》　ヤーハエー　人足頼んで
　人足頼んで　橋を懸けてとや
渡　る　ヤーハエー　渡るとしゃ衆(渡者衆)は

渡るとしゃ衆は　立見するとや
花　が　ヤーハエー　花が咲いても
花が咲いても　実がならぬとや
橋　の　ヤーハエー　橋の擬宝樹《ぎぼうしゅ》に
橋の擬宝樹に　牝《か》の鹿《しし》寝てたとや
萱　の　ヤーハエー　萱の尾花ば
萱の尾花ば　狩人《またぎ》と見たとや
チョコリ　ヤーハエー　チョコリチョコリと
チョコリチョコリと三跳《みはね》はねたとや　（岩手）

地名や伝説がこの背後にかくされていることはわかる。この唄が誰かすぐれた才能の持主によってつくられたであろうことも想像できる。よくある例で、この整った形式と言葉のもつ余情といったものに、うたう人は惹かれていくのである。南部家十二代政行という人物の才能と功績をたたえるために後の人がつくったものらしい。

・子供らよ子供らよ
花折りにゆかんか　花折りに
小米《こごめ》花折りに

一本折りては腰にさし
二本折りては腰にさし
三本目に日がくれて
兄の紺屋に泊ろうか
弟の紺屋に泊ろうか
兄の紺屋は荒莚
弟の紺屋は青畳
兄の紺屋に花置いて
弟の紺屋に泊って
暁おきて空見たら
みののよい女郎さまが
柴林手すにえて
あれ参れこれ参れ
きょう参らん衆はあす参れ
あすの肴は何なに
泥亀の吸物、蛇の焼物

一口喰うてはああ甘し
二口喰うてはああ甘し
三口目に屁こいて
大黒さまへ聞えて
大黒さまのうには
一に俵ふまえて
二ににっこり笑うて
三に酒つくって
四つ世の中よいように
五ついつものごとくに
六つ無病息災に
七つなにごとないように
八つ屋敷をひろめて
九つ小蔵を建てそめ
十でとんと納まった　（兵庫）

これなどは、筋を展開（ひき延ばし）するために数え唄や対句を活かしている。「三丁長嶺」のような技巧的なものでもなく、反対に庶民の荒っぽさと笑いとがあって、親しまれたろうと思われる。

・こんこん小山の子うさぎは
なぜにお耳が長うござる
おッ母ちゃんのぽんぽにいた時に
長い木の葉をたべたゆえ
それでお耳が長うござる
・こんこん小山の子うさぎは
なぜにお目めが赤うござる
おッ母ちゃんのぽんぽにいた時に
赤い木の実をたべたゆえ
それでお目めが赤うござる（佐賀）

この「唐津地方の子守唄」は、いわゆる「わらべうた」の範疇にはいるし、しかも明治末から大正にかけてさかんになった新作の「わらべうた」の感覚である。小学校唱歌にさえ近い一種の教育性さえもっている。母と子の愛情の結びつきを、うさぎの親子の関係を通じて美しくうたったところは、単純ながら深さをはらんでいるといえよう。

だから「遊ばせ唄」は総じて、明るく、きいていておもしろいものが多いということになるが、「眠らせ唄」にくらべ、多くの人びとに混って、小さな動作をそれにくっつけ、あるいは子供の手を引いて歩くといった行動とつながるだけに、誰かがうたい出せば途中で別のものがそれを受けてうたうこともできるという性格をもっていた。猥雑な内容のところでは、たがいに笑いあい、それをうたったからといって自分が何らかの責任を負わねばならぬということもないから、気楽に放歌できたのである。そういううたいっ放しのものには生活の実感を賭ける必要もなかった。むしろ、窮屈な思いを無理にうたうのは精神の健康によくないことを、誰よりもかれらは知っていたのであろう。解放感のなかにひたりながら生活の重荷を切りおとしていこうとする民衆のずるさは、もっともらしく利口ぶることがなかっただけにかえって生活的な重さと真実を内包し得たのだ。そこには、生きていく人間の野太さがいつもあった。偽わりはなかった。

Ⅲ　女の深淵から

米良の鬼火

九州山脈を境にして、東に米良荘があり、西に五家荘がある。米良荘の北には「稗つき節」で知られる椎葉がひかえ、五家荘の南には「五木の子守唄」で有名な五木の渓谷がつらなっている。西米良と五木村と下椎葉とを結ぶ正三角形の中心に、市房山塊がそびえ立っているという険しい地勢をまず考えてみる必要があろう。最高一、七二二メートルの市房山をはじめそれに近い山々がきそいあい、深い渓谷をつくっている米良川のほとりに、忍従と反逆の歴史が人知れずきずかれていたのである。山地が九八パーセントといえば、五木村の九九パーセントに必適する平地のない村里で、それだけでも生活の実態は充分に想像ができよう。

この地方にいくつかの子守唄があり、そのなかには近年他地域との交流によって移入されたと思われる新しいものもあるが、次の唄は、日本の子守唄のうちでも、具体的な形象化はできていないが、暗示的なある種の迫力をもっている特異なものと言うべきだろう。短かい形式なので、とかく忘れられがちだが、そこに隠された民衆の鬼気とでもいうべき心情の重さは、「五木の子守唄」の流浪の痛みに向きあう形でならべ得る価値があると思われる。

・ねんねんころりよ　おころりよ
　ねんねしないと　背負《かる》わんぞ
・ねんねんころりよ　おころりよ
　ねんねしないと　川流す
・ねんねんころりよ　おころりよ
　ねんねしないと　墓立てる

この「眠らせ唄」の単調な歌詞のなかで、重要なモチーフとなっているのは「子を殺す」習慣である。「眠らないと、おまえを米良川に流すぞ」と言い、「それでも眠らないと墓に埋めてしまうぞ」とうたっているのである。まさにこれは苛酷な行為である。こうした残忍・非道さは、偶発的なものではない。ひとりの性格異常者や狂人がいたという理由によるのでもない。そういう人間の行為が、正常にみずからを愛しみながらいのちを張って生きている人間の行為だけに、その残忍・非道さには、われわれを惹きつけ目を瞠らかせる意味を含んでいるのである。そこでまた、偶発的なものでない、もっと社会機構に直結する幅と、権力がつくっていった歴史とつながる深さとを、さぐり出すことによって、この米良地方の子守唄の秘密を解き明かす仕事がなされねばならないわけである。

そこには権力をもつもの同士の、血で血を洗う凄惨な戦いが横たわっている。その争いとは直接関係ない民衆が、戦々兢々として土にしがみつき生きてきたという次元の異った歴史が一方にはある。そしてさらに、政治と民衆との関係が民衆のやむにやまれぬ抵抗によって破れていくという、新らしい意味がその上にのしかかっていたということで、「米良の子守唄」の加害者的行為の裏の、被害の深さが顕わになってくるのだ。

年　号	男	女	計
享保6（1721）	1,583	1,420	2,958
延享2（1745）	1,624	1,581	3,205
安永3（1774）	1,299	1,297	2,596
寛政3（1790）	1,376	1,444	2,829

米良二十七カ村の人口変遷表

米良地方を支配した米良一族は、熊本の菊池の裔といわれ、のち人吉藩の付庸となって大名に準じた扱いを受けている。貞享元年（一六八四）米良主膳が江戸におもむく途中、銀鏡《しろみ》の地頭米良源太夫の招待を受けたが、毒をのまされて、まず家老の米良大膳が死に、主膳は大阪で病気の保養につとめたが、江戸から帰ると源太夫父子を殺し、翌日その妻女も殺した。領内の血なまぐささは、その後もたえることがなかったようである。

人口は別表の通りであるが、ここで注目されるのは、変動のはげしさである。もちろん疫病の原因もあろうが、社会的要因としては「逃散一

回	年	月	参加人員
1	宝暦10(1760)	4	140
2	〃 11(1761)	11	3
3	〃 12(1762)	7	130
4	明和4 (1767)	4	170

米良の逃散年表

揆」をあげねばならない。

人吉藩主相良《さがら》家に保存されている藩庁記録『探源記』（全七冊）その他の史資料によって当時の逃散の概要をつかんでみることにしよう。

それによると大がかりの逃散一揆は四次にわたっていて、表の通りとなるが、これは記帳されたものに限って、かくれた逃散が他になかったとは言いきれない。延享二年（一七四五）の三、二〇五人が、明和四年（一七六七）から七年後の安永三年（一七七四）には、人口が約六〇〇ばかり減っていることと、それは無関係ではない。表には出ていないが、宝暦年間に近くの山村の百姓が次々と逃散したという記録ものこっているようだから、問題の根はいたって深かったというべきだ。一七六八年には、

同四月廿七日御仕置有之
獄門　　　二人
死罪　　　四人
永牢　　　六人
追払　　　五人
球麻之内所移　六人

米良山之内所移　五人
規度叱　　一九人
叱　　弐百拾四人
此のほか、父の科によりて死罪之者、忰は永牢申付、永牢之者、忰は追払申付候様にとの御下知候付、右之類其通申付候」とあり、処刑の事情がわかる。それに、一七六〇年以降の逃散がほとんど島津領須木（現在宮崎県西諸県郡）方面を目的地にしていたらしい。そこも米良と同じように深い山里であるが、人吉の方からの追手も米良以上に侵入しにくい標高七〇〇メートル程度の秘境だったから、圧制を避けて小さな自由を獲ち取ろうと願う逃散者にとっては、好都合の場所だったのだろう。

こうした民衆の、暗黒政治に対する抵抗は幕末にもつづいたらしく「チョウサン騒動」という呼び方で古老のあいだに語られているが、これが「逃散」を意味するか「朝参」（勤王運動）のことか不明のまま、十五才以上の男子を牢につなぎ一切の系図なども没収し、有力な指導的な立場のものが投獄され、牢死したという話だけがのこっている。と同時に、米良一家の暗闘がやはり血なまぐさいものとしてこれらの事件の背景に動いているのだ。

延享三年（一七四六）の『米良山改帳』によって、当時の村の実態をも少し具体的にみてみよう。

一、人高　三千弐百五人

一、村数　二十七ヶ所
一、屋舗数　六百四十二ヶ所
一、家数　七百四十七軒
一、宮数　三社　此外小祠ハ除之
一、寺数　九ヶ寺
一、焼畑　弐千八百八拾ヶ所
一、野畑　弐百七拾七ヶ所
一、雑穀石高　六百六石程
　麦、粟、大豆、小豆、稗、黍、蕎麦、野稲米ニ而
　右雑穀高ハ出来不出来ニ而、年ニ寄少宛増減御座候
　此外芋作仕候得共高難極
去丑年取高
一、菜種　拾九石六斗程
　　他ニ商売ニ出申候
一、椎茸　百二石五斗程
　　右同断

一、木茸　弐石八斗程
　　右同断
一、香茸　七十本程
　　他ニ出不申候
一、松茸　五十本程
　　右同断
一、木ふし　壱石程
　　右同断
一、茶　弐万九千百五拾斤程
　　年中遣用之外ハ他領江出申候
一、楮《こうぞ》　九百五十貫目程
　　紙漉用之外他領江商売ニ出申候
一、桑綿　百七拾目程
　　他ニ出不申候
一、たはこ　千五百斤程
　　右同断

一、苧《ちよま》（まおの一種 麻）　五百拾斤程
右同断
一、髭人蔘　弐百拾匁程
他領江商売江出申候
一、鹿皮　六拾弐枚
他江出不申候
一、羚羊《かもしか》皮　五拾四枚
右同断
一、熊　二丸
年ニ寄多少御座候、取候節ハ惣而主膳江納申候

この詳細な収穫高に関する記録は、これだけで米良の山村の生活の輪郭が浮かび出るようにできている。穫れるものは少量でも取りあげていく僻村の政治権力の支配関係は、当然民衆の上にしわよせをもたらす他ないから、次第に下に向って搾取せざるを得なくなるのである。野畑と焼畑の面積の比を考えてみるのもいいだろう。「五木の子守唄」のところでも触れることになるが、民衆は自分の土地を所有していないから、小作地の形で森林を拓き、山の傾斜地を焼畑にしなくてはならなくなる。そこで穫れるものは限られた雑穀でしかない。そうなると、そこに住む人間の感情はお

のずから外に向って爆発し行動にあらわれるか、内に鬱屈していくかのいずれかの形をとる。だが、中世以降の社会制度を崩さずその特殊な自治組織（五人組）が強固であったために、飢餓のなかでさえ掟を破ることのできない自己抑制がかれらの心をとらえていたのではあるまいか。鬼火は心と肉体をこがしていたのである。

「米良の子守唄」の発生の要因はそこにあった。この唄があくまでも農民の唄でありながら、少しそこからはみ出すのは、山中の農民が武士を兼ねていたことと関係がある。火急のときには鍬を竹槍に代えて出陣しなければならないので日頃から訓練を受けていたというが、それがかえって困ることになった。権力者同士の争いの余波を、武士を兼ねているがゆえに強く受けねばならず、たとえば農民として逃散一揆を企てようとすれば、「多年むつかしき事を言上申候間、一人も残らず御成敗なさるべく候」という形で上から通達があり、太閤検地の折なども「一人ものこしおかず、なで斬りに申しつけ、百姓以下にいたるまで、いうことをきかない者は一郷も二郷もことごとくなで斬りにすべく、たとえ亡所（廃村）になってもかまわぬ」という意気ごみでかれらをちぢみあがらせる。農民が一族郎党として行動すると、村の指導者とともになで斬りにされる。百人もいっしょに殺されることがあったという。

夫が眼の前で殺害されるのを見て、その妻が二十数名自害したという記録もあり、扶役の義務を負わされた農民兼武士が死ぬと、そのために焼畑を組の監理下で耕作させてもらっていた家は困り、妻が夫の代りに重労働をあてがわれる。それに、いつ刃がふりかかってくるかもわからないのである。油断もすきもあったものではない。

こうした山中の不便さと、食糧不足と、金縛りにされた自由のない生活と、死といつも背中あわせに生きている不安や恐怖とに、やつれた肉体をむしばまれていた米良の民衆たちの嘆きは、いつも地を這うように、きりがなく、いつはじまっていつ終るともつかないうめき声となって、低く重く、ねばりづよく吐き出されるほかなかった。

自分がいつ殺されるかも知れないという絶望感の持主だけが、「殺意」を外に向けることができたろうし、この子守唄にはその「殺意」が泣きじゃくるわが子へ向けられる、いわば自己運動の変形としてしかひろがらなかった。母親は仕方なくその荒々しさにのめりこんでいき、野性的な唄を叩きつけたのだろう。

子供たちは「川流す」「墓立てる」とおどかされると、些細も解らず泣き叫んだにちがいない。母親は尻をたたき、つねり、頰を打ち、そして「こちらが泣きたいよ」と心のなかでうめくように言ったはずである。たとえば「中国地方の子守唄」のような、「一生この子のまめなように」と遠い未来をあまい気持をこめてうたいたい願いが一かけらもなかったとはいえないが、しかし、そんな先のことなど意にとめる余裕がなかったのであろう。現実の飢餓のなかに、自分が生きており、何も知らぬ子供が同時に生きていることが、かれらをしてやりきれぬかなしさに陥らせたその精神の経緯が、この唄に秘められているのだ。

「誰が彼女らをそうさせたか」そんな疑問が、やがて政治権力への怒りとなってわれわれの思考をひろげるのだが、かれらの現実はそのようには論理化できなかった。

秘境においては、とかく時間というものは停止しがちである。外部との交流があらゆる面で断ちきられているので、一つの問題は半永久的に固着して去らない場合が多く、だからまた矛盾はそのまま半永久的に人間を縛りつけて離さないという結果を招くのである。ここで注意したいのは、五家荘という土地と、米良荘のちがいである。

どちらも秘境にはちがいないが、五家荘の場合は、平家の落人が豊後方面から人里はなれた渓谷をもとめて入りこんで、一族がすべて共通の意識（つまり追手を避けるために隠遁する覚悟）をもって山間の窪地に小部落を形成してきた。（一説には菅原道真の子孫がそこに逃れてきて住みついた一統があり、それと平家とが五つの部落を二対三の割で分けたともいう）が、いずれにしろ平家を名のる緒方家と菅家の裔という左座《ぞうざ》家とが和睦して平和な隠遁生活をつづけている。鎌倉時代から日露戦争まで何ごともなくすぎている。自給自足とはいえ、あらゆる不足のなかでの同族による共存共栄の願いがあり、文明に背を向けたまま昭和まで生きてきた。そこには古風な「木おろし歌」があるぐらいで、子守唄などのこっている形跡もなかった。

だが、米良荘の場合はちがう。人吉の相良氏がそこを支配するために、九州山脈を貫く「米良街道」が早くからひらけ、権力のために通路ができあがったのがかえって禍のもととなった。米良氏もその土地のものでなく他から移ってきた武士であり、民衆との同族意識などなかったので、やりたい放題のことをして顧みることがなかったようである。自分たちの権力争いのために民衆が苦しんでも、善政を施そうとするものも出てはいない。逃散一揆には工作者がいたようだが、捕えて殺せば片づくという横暴な武士気質が支配者にあったろう。さんざん凄惨をきわめる争いを繰返し、さらに西南戦役ではここが激戦地になっている。鎌倉時代があり、江戸時代が厳然とあり、幕末の勤王運動の時代があり、西南戦争の時代が克明にこの土地に傷あとをのこしたのだ。

そして明治時代に入って、米良氏（菊池と改姓）は全山林を村民に解放した。自作農になってかられらは山林を手放し、現在四五パーセント以上が外部のものの所有となり、二足三文の言い値で手放しているらしい。このような特殊な経済地域では一本の道路が抜けるだけで思いがけぬところから外部資本が侵入し、さんざん喰い荒すのが通例で、両地域ともその点はまったく似通っている。自作農になったとはいえ、たたかいとったものでないだけに経済観念が乏しく「自分で植えられないものを他人が植えてくれるということが彼らには好意としてすら感じられたのである。ひとをペテンにかけたことのない彼らは、ひともまたそうであろうという、人の好意への信頼があった」（高松圭吉・日向の山郷）という生活態度を持つようになったが、戦時中から菊池氏への恩返しとして菊池精神を高揚する気風がみられるようになり、いまもその余燼がのこっている。

だが、五家荘は、人吉からさらに五木村を経て奥に入っていくと、大体山脈の根もとで行きどまりになるのにくらべ、米良荘は、東へ行けば宮崎や高鍋へ出られるし、西へは人吉を経て八代につながる地理的には他との交流の可能性を示した地点にある。そういう入りやすさもあり、土地の人間の善意まるだしのところを計算に入れて、外部から炭の原木を買いにきたり、ここにとどまって、安い原料費で炭を焼きたんまりかせいだものもあった。土木工事や発電所の工事などがはじまり、村のものがそういう仕事で稼ぐ以前のことであるが、これらの外来者たちがかれらに〈地理〉を教え〈文明〉を暗示してくれたのである。米がとれないので稗八合に麦二合の飯、大根などを入れた「ヒエズウス」（稗ぞうすい）を終戦後まで喰ってきた人たちが、土木工事の飯場で米の握り飯を食った思い出が消えないという回想の出どころを考えると、外来者への好奇の眼を向けていった〈文明への羨望〉もわかるような気がする。

こうした二つの秘境の性格のちがいを考えてみると、米良地方に数多くの唄がのこっていること、それが江戸や大阪のことを織りこんでいるという面の理由もうなずけると思う。これは「木きり節」であるが、

・ヤーレェ　これから見ればお江戸が見える
　ヤーレェ　おまんばばのボンボの毛の長さ
　三十三ひろカトケ

長いこたぁ長いもの
三つぎ継いだらお江戸に届く

などは、おまんという名の老婆の陰毛の長さと江戸までの距離をくらべているし、はじめにも書いたように新しい子守唄があるといったその一つをとり出してみると、

・むかえはんぞ　たけはんぞ
なし京に登らんか
のぼる仕度はできたれど
前のくまぞが泣きやめた
ないた涙は舟にのせ
舟はずんずん大阪まで
大阪みやげは何々か
一にコウガイ　二に鏡
三で薩摩の板買うて
板屋ぶくして門立てて
板のぐるりに杉さいて
杉の木枝に香たいて

香のけむりは西東
西や東になく鳥は
なんどりかんどり
つくばどり
ささげどりならいて殺せ
神の鳥ならいずにおけ

という歌詞で、ほかにも「酒は冷酒・虫がせく、虫がせけば医者たのめ、医者はどこ医者、大阪医者、大阪みやげに何もろた……」という子守唄があるが、ことさら取りあげることもあるまい。

いずれにしろ、米良地方の不気味な、殺気をはらんだ子守唄が、民衆の責任でない別の事がらから形成され、それがずっと歴史の暗黒につながりながら母親の気持を歪めていたことを考えてもらえばいいのである。

そしてこの「間引き」のテーマは、この「米良の子守唄」の発生条件を典型として、さらにひろく同じ芽を出していることを、これから見ていく必要がある。わたしが多くの頁をこれまでさいてきたのは、以下問題をひろげても読者が戸惑うことがないようにという配慮からであった。

子を殺す唄

「貧乏人の子沢山」というのは「いろは歌留多」の文句だが、娯楽施設の乏しい農村で欲望を満たし感覚を充足させてくれる唯一の場は、青春の交情や夫婦の性生活にほぼ限定されていた。子供を無計画に産んだ。自分の責任ではあるがこれでは親がたまらない。そこで当然「間引き」の方法がとられてくるのである。

・ねんねのおともはどこへ行った
尾島の宿へ餅買いに
餅かって菓子かって誰に喰わしょ
オカヨにくれてはらませて
女ができたらふみつぶせ
男ができたらとりあげろ
とりあげ育ててお嫁とろ
お嫁はいつくる晩にくる
晩のいつ頃、十時頃
十時すぎてもまだこない
門の外へ出てみれば
嫁は手ばたき　歌でくる

嫁の道具は何道具
箪笥長持はさみ箱　（群馬）

発想は新らしいものではなく、結びなどはどこにもある陳腐なものだが、嫁をもらうという点で女を必要としながら、産まれてくる女の嬰児を殺すという重要な部分がうたわれている。次の場合も同じである。

・向いの山から　雌ん鳥とんできた
雌ん鳥やつのいうことにゃ
猫の腹に子がある
男ならたすける
女ならぶっつぶせ
名は何とつけ候
八幡太郎とつけ候
八幡太郎のお厩《うまや》に
馬何匹たて込んだ
中のよい馬に油ひいて鞍置いて
とっく　とっくと乗っていこう

観音堂がせきならば
かたくづして堂築《っ》いて
堂のあたりさ種まいて
菊の花も十六
お姫も十六
お姫が油買うて行くどって
すめりころんであしてま嚙まれた
猫殿、猫殿、ゆるしてくりゃれ
明日の市に鰹節買うて
振舞いいたしましょう　（岩手）

・ねんねこどっちゃん
亀の子どっちゃん
わしゃ七面鳥
かかほし　かかほし　おかかほし
おかかをもらって何にする
昼はままたき　洗濯に

夜はぽちゃぽちゃ抱えて寝て
抱えて寝たけりゃ子ができる
女のお子ならおっちゃぶせ
男のお子ならとりあげろ
とりあげ婆さん名はなんだ
八幡太郎とつけました（茨城）

後者は茨城県筑波郡あたりの唄というが、いずれも女が抹殺されるのである。殺すためにはそれだけの理由があるはずだし、また男を生かし女を殺すというのにもそれなりの理由が何かあったろうと思われる。

「間引き」一般には、村における経済上の問題が主な理由としてあげられようが、女を殺すのを、封建社会の〈男尊女卑〉の考え方だけにしぼってしまうことができるだろうか。「かかほし、かかほし」と願う男の欲望を満たしてくれる「かか」の存在を考えると、女を卑しむこととそれは矛盾するし、「ぽちゃぽちゃ抱えて寝」ることに満足するだけで、社会的には女を卑しむという二重の心理が働くならば、男はその傲慢さのゆえに復讐されねばなるまい。鹿児島のように徹底した男尊女卑の思想が根を張っているところは〈男色〉を美風とする性倒錯が公然化するし、その背後に前近代的な封建思想が生活全体を規制していくことになるが、その他の地方では、あまり考えられない。とすると、女を殺す理由は何だろうか。

農業労働力として男と女とを比較してみると、男が優位に立つことは常識としてわかる。だが極貧農地帯の女の身売りを考えると、かれらにとって娘の存在はきわめて重宝なものであったというべきである。いざというときは、女の方が高値になるとする考え方は今日でもある。そういうことを無視して、働きの大きい男に希望をかけたと言いきってしまえるかどうか、即断しにくい。

また「八幡太郎とつけました」という言葉が使われているが、そこには〈尚武の思想〉がかくされているとみることができる。強く勇ましい人物を日本人がもとめてきた、その英雄待望の気持とつないでみるのもいいだろう。それにはただの〈男尊女卑〉とはちがうもっと積極的な意思がこもっている。女がどうだこうだというのでなく、その問題を無視して、英雄待望の願いがパターンとして定着したものだとみることもできる。そういう見方をすれば、夜抱いて寝る欲望の対象である女は、大してさしさわりなく適用する。が、しかし、それだったら「女のお子ならおっちゃぶせ」とか「女ができたらふみつぶせ」と語気を強めて言う必要はないはずである。そうなるとまた〈男尊女卑〉にもどらざるを得なくなる。

さらに極貧農にかぎらず「間引き」は武士階級にもあった。子女の養育能力のない下層武士のあいだでは、男より女を処分する方が当然先になったろうし、男で文武にすぐれておれば武士の仲間入りができるだけでなく良家の嗣子となる場合も多かったから、女のみを殺したとも考えられるが、だからといって、こういう子守唄が武士階級のあいだからうたわれはじめたとみることは不当である。武士階級を支えているのは〈男尊女卑の観念〉であり〈尚武の思想〉であり、また〈美しく死ぬこと〉でもあったが、それらの倫理や徳目と直接にはつながらない民衆のあいだで、それが唄となって浸透していったというある種の不自然さを、どう説明したらよいだろうか。

わたしは、ここに三つの理由をあげてみたのだが、その一つ一つが完全な理由として独立できないような気がするし、はじめの二つが抱きあわさったものを考えておけばいいのではないか。

「間引き」が近世社会において野放しにされていたのではなかった。明和四年（一七六七）に取締令が公布されている。それは「不仁のいたり」であるからそのようなことが今後ないように、村役人はもとより百姓どもも気をつけること、見つかり次第刑罰を与えるというものだが、「不仁のいたり」とは言っても、幕府もそれを必要悪として大目に見てきたようである。仏教における「殺生」のいましめといい、儒教思想からくるところの官僚用語的な「不仁のいたり」というもっともらしい布令といい、わかってはいても貧弱な政治力では簡単に解決できるものではないし、人間の欲望と生理と不可分の関係から発しているだけに、問題は深刻とならざるを得ないのだ。

また避妊の知識の乏しさもあったろうし、堕胎の方法の幼稚さから失敗すれば母親の生命にかかわることでもあったから、産む方がやさしかったのである。たとえば堕胎の方法として「ほおずきの根を挿入する」「灰汁をのむ」「唐辛子や大根のからみを食う」「ごぼうの根やよもぎの堅軸などを挿入」「高いところからとびおりる」「へその上に灸をすえる」「麦わらの茎でつつく（サシグリという）」などがあるが、からだを傷つけても目的をはたそうと努力したあとがあり、（後では水銀などをのんだところもあるが）いずれも川へ流すか、ボロ衣に包んで地中に埋めた。

もちろん堕胎は平安時代から文献に見えているし、鎌倉時代以前に「子おろし」とよばれていた文献もあったといわれる。江戸には堕胎専門の女医者があらわれ、享保以後（一七二〇）頃には各地にそういうものが流行したといわれる。

伴蒿蹊の『近世畸人伝』や司馬江漢の『春波楼記』や西川如見の『百姓嚢《のう》』などにも「間引き」のことが書かれおり、すぐれた農学者として知られる佐藤信淵の『草木六部耕種法』によると、常陸（茨城）、下総（千葉）はことさらにその傾向が強かったということであり、近世末期上総三十万戸あまりの農家で「間引き」される子供の数が年々三〜四万あったという。

一般に「間引き」という場合は、避妊、堕胎も含めて殺児をそう呼ぶのだが、殺し方にもいろいろあった。窒息法、扼殺法、圧殺法、撲殺法、毒殺法、あるいは乳を与えず干し殺すのや、逆さに吊す殺し方もあったらしい。子供が産まれると、男親がその子をつかんで膝の下に敷き、糠《ぬか》などを口につめこんで窒息させたり、縄で首をしめたり莚でつつんですぐ土に埋めることもあったし、北陸などでは桑畑の穴の中にすてた。それはしまいには鴉の餌になり、川へ流すのを「流れ仏」「かな子」「水子」といい、それらは魚の餌になったろう。

腹を痛めて産んだ子を自分の手で殺すそのむごい仕業に逆上し、子どものあとを追って産褥のうちに死んだ母親もあった。

・なんとこの子が女の子なら
　菰につつんで三つとこ締めて
　締めた上をば　もんじと書いて
　池に捨つれば　もんじの池に
　道に捨つれば　もんじの道に
　藪に捨つれば　もんじの藪に
　人がとおれば　踏みふみとおる
　なんと　この子が男の子なら
　寺にさしあげて　手習いさせて
　筆は巻筆　すずりは碁石
　墨はほんまのにおい墨　（宮崎）

この唄でも、殺した子を捨てる場所や人がその上を踏みつけていくことを、さらりとうたいこまれている。死体はここで完全に物と化しているから、行動する親の心情は欠落しているかのようである。これが「眠らせ唄」ではなく「遊ばせ唄」であるからいっそうそういう乾いたものになったのだろう。ある意味からは、こうした現実が幅広く底辺にあって他人の眼にはただのありふれた事件としか映らなかったということにもなるかも知れない。しかし、それは奇をもとめ騒ぎたがる庶民の弥次馬根性にとってはもの足らぬ話題であっても、子を殺して「山へやった」「川へやった」と人に伝えるほかない当人の耳にはこの唄はきついひびきをもっていたろうし、持つはずである。

忘れっぽいのか、忘れようとつとめるのか、庶民の感覚は現実を戯画化する方向に走ることが往往にあるが、それが意識的になされたものであるとしたら、その意識の底には言葉にのぼほせない黒い一塊りの罪悪感が沈んでいるとみてまちがいはあるまい。右の唄も、社会的な側面からと、人間の精神構造の面からとらえるのとでは、異った意味が出されてくる。

つまり、日本では、新妻の時代から女は、自由に向ってかなでられる情熱が稀薄であった。重労働のせいばかりでなく、周囲の家長や姑の眼や家族制度の圧力といったものに狙われている半奴隷であった。性生活からくる欲求不満や生理上の変調も体内に大きくふくらみながら、つねに爆発する時を待っているよりほかない〈不発の連続〉だった。男たちが形成してきた、社会機構（父系家長制）に対して、だから女たちは日頃忿懣をかきたてていた。それは論理的ではなく、生理的な生ぐささを伴っていた。劣等感そのものというより、劣等感を克服しないではおれぬ内的欲求の深さと激烈さとが、自分たちをとりまく男子中心的いっさいの習俗や秩序に対し、当然はね返るはずであった。女はそんなとき、自由への永遠の讃歌を熱い言葉で吐き出そうとする。

だが、その言葉も結局は自分のかなしみの上にこだまするだけである。もどってくるその声。それを突き放そうとする自由への願い。それが肉をひき裂くように葛藤するのだ。劣等感の裏返しのまた裏返しが、荒々しく歪んだ女の顔面をそこにさらすほかなかったのである。

「八幡太郎とつけました」この一語には、男の馬鹿野郎どもが、という抗議のむなしさがこもってはいないだろうか。怒りとあきらめとが煮つめられた〈余計者の悲哀〉が隠されていはしないだろうか。

わたしは、男尊女卑と尚武の精神とをあげた。それらが二つ抱きあわさったところに、男を生かし女を殺す唄の発生因をもとめた。だが、それで満足しきれない。わたしがそうである以上にそれでは満足しきれない日本の女のことを考えると、結局はこれらの唄は、女の宿命への抗議以外の何ものでもなく、そしてその抗議が〈余計者のあきらめ〉となって投げ出され、支配構造の上からみてピラミッドの底辺におしひしがれてあるものだという真相をはっきりさせねばならなくなる。

日本の社会機構は女を奇形化した。女はそのなかにあって劣等感の唄を口ずさむことで、男への抗議をつづけたのではなかったか。子守唄の、女への侮辱の波は夜は「ぽちゃぽちゃ抱え」られながら、その自由に完全に自分をあずけてしまうことのできぬ農民の社会的な外力に対しての、すてばちの批判をくりかえしたところから、皮肉が漂いはじめるのである。「眠らせ唄」としてひろがる、これらの唄の真意を、わたしはそう理解したい。

ところが、同じ「間引き」でも、次の唄は男でなく、女を生かすという内容のものである。

・ねんねんよう　おころりよ
坊やはよい子だ　ねんねしな
ねんねして起きたら何あげよ
お寿司か餅《あんも》か沢庵か
沢庵くわせてはらませて
はらませ間もなく子ができた
その子は何っ子女の子
いいいいいいいい
女の子なれば育てましょう
三つになったらお化粧だて
お化粧たてたて七つまで
七つになったら帯解きよ
帯解き帯解き　八つまで
八つになったら学校へ
学校々々、十四まで
十四になったらお仕事へ

お仕事お仕事　二十まで
二十になったら嫁にあげよ
晩の幾時頃、十時頃　（埼玉）

これをみると、いくつかの問題が出てくる。まず「沢庵」である。もちろん、他にも類歌はあるし、庶民の食べものとしてひろく普及していたからここに限ったことではないが、埼玉方面は関東ローム層の上に武蔵野の落ち葉などが腐植してできた黒土である。ミノワセ大根や東京のネリマ大根の産地という点を考えてみると多少ちがったニュアンスが出るようである。「やすい沢庵をくわせる」ことがもっとも容易であり便利だった。そして産まれた女の子を育てて、学校を終えるとあとはすぐ仕事に出すという慣習が、つぎに問題となる（「子守唄から女工唄へ」を参照）。

女の出嫁ぎについては、別の章で述べるのだが、多くの場合、女は厄介者あつかいにされ兼ねない素振りが周囲にあった。誰だって働らかねばならない、という人間共通の課題を踏まえていたがこの唄が女を積極的にとりあげる意志を表明している以上、女の労働力に対する過大評価があることはまちがいないし、十四才まで学校にいく明治後期以後のものであることと思いあわせると、この地方の女の出稼ぎが製糸、紡績と関係があったことをそれは教えてくれる。働き先は秩父や富岡や前橋などであったろうし、ずっとその慣習がのこっている。そして、小さいときはお化粧させておいて、あとは「募集人」まかせで夢のない寄宿舎につながされるのである。

女を生かすとうたいながら、思春期を暗い紡績工場の苛酷な現実に追いこみ、あとはそこで稼いだわずかの金で嫁入りをすることを最上の願いとして働かせるという仕掛けは、とりも直さず女を生かして殺すことではないのか。この笑いの底には見えない罠がかくされているのである。資本主義の高揚期の〈青春の墓場〉がそれである。これは産業の発達と国力増強を看板にしてなされる、高級の、より巧みで近代的な方法を用いた人権上の「間引き」というべきである。求める自由や人間の讃歌から見すてられた女の宿命を考えてみると、子守唄の軽い饒舌やユーモアが別の意味をもってきこえてくるのである。

また「姥捨て」の風習は、労働力を失った老人を処分するためのものであった。深沢七郎の『楢山節考』に、おりんを山に送りとどけてかえってきた息子の辰平が、孫たちから「おばあはいつ帰って来る？」ときかれたらどうしようかと困ったあとに、末の子に唄をうたってきかせている子供たちのことが書かれている。

・お姥捨てるか裏山へ
　裏じゃ蟹でも這ってくる
・這って来たとて戸で入れぬ
　蟹は夜泣くとりじゃない

という唄には、捨てた老婆が帰ってきたので、家の者たちが「這って来た、這って来た、蟹のよある。

うだ」と騒いで戸を閉めて入れなかったので、老婆は戸外で一晩中泣いていた。それを子供たちは本当に蟹が泣いているのだと思いこんだが、家の者は「蟹じゃないよ、蟹は夜泣いたりしないよ、あれはとりが啼いているのだ」と言って子供たちをごまかしたという話がかくされているのであ

労働力を失ったもの、あるいは当然しばらくは労働力をもつことのできないものが、葬り去られていくのは、人間の存在を労働力のいかんで評価しようとする村の社会機構の非情な淘汰の方法であった。だが、生命あるものを葬り去るという行為には、無知で、野獣的な意志だけしか働らいていなかったろうか。生命を愛しむ感情は断ちきられていたろうか。『楢山節考』のテーマの非情さのかげに、人間の人間らしい断面が色濃くのぞけているのは、生命を葬り去ろうとする行為の残酷さの上にである。おりんをひそかに待つ子供たちの、敗退していく人間への共感は、それをそのまま主客を転倒させてみると、子供を殺した母親の痛恨と同質のものになってきはしないか。

「生きてゆくためにはそうするよりほかになかった。とりあげた子どもらが、ちょっとでも息のつける暮しをするためには、あとの子はあの世へもどすほかなかった。いまも家の床の下にあの子らを埋めた上にのせた小石がのこっている。わたしは毎晩その上に寝ている。もどした子がかわゆうないことがあろうか。わたしはどうせ死んでも地獄よりほかへはいかぬと思っておる。もどした子どもらも、そこで暮していると思う。死んだらそこへいって少しでももどした子らを守ってやり

たい」（『日本残酷物語』第一部）と語る言葉には、罪の意識そのものを問題にするのではなく、その行為の非情さにこもる母と子との生命の絆が、ここでは問題にされていい。

わたしは、「姥捨て」の行為と「間引き」の行為とをつなぎあわせ、逆さにして重ねあわせることが可能であると考える。殺して埋めた母親の、その子への愛は、とりも直さず、孫たちの、山へ捨てられたおりんばあさんへの惜別の情につながり、子守をしてくれたであろう老婆へのささやかな愛の返礼を孫たちがはたそうとしたと受取りたい。

それにしても、殺すということは、なんと神秘な愛を必要とする行為だろうか。女が自分の腹を痛めて産んだ子をこの世から抹殺することに耐えるためには、その苛酷さと同量の愛の代償を要するのである。この等価性にたって、日本の女は生命を燃やしつづけようとひそかに願い、そして生きてきたのだった。

死児を呼ぶ声

「津軽地方の子守唄」のなかの「もこ」「化物」についてはすでに書いたし、雪国の荒惨な風土との結びつきも少しばかり述べてきたが、さらにここでわたしは恐山と農民との関係をあきらかにしていこうと思う。

恐山（オソレザン）――この地名のもつ異様なひびきから、人はきっと広大な墓場を連想するにちがいない。本州の北のはての、オノの形をした下北半島の中央部に、その火山灰に蔽われた死者たちの山は横たわっている。不毛という一語だけでは説明できない雪のように白い台地と、その上に突き立っている黝《くろず》んだ熔岩とのコントラストは、いよいよこの山の存在を象徴的にあきらかにするようである。七月の地蔵盆の縁日に、わたしは人でごった返す山にのぼってみた。まるで不気味な混沌といったあわただしさのなかに立っていると、これがみちのくの果てかという錯覚にとらわれてしまうのだが、頭を冷やしてみると、さすがにみちのくの果てだと気づかずにはおれないのである。

硫黄くささと老婆の体臭と饐《す》えた駄菓子のにおいとで、息苦しくなる。そこには、地獄があり、サイの河原があり、そして極楽の浜がつづく。いわゆるあの世を具現した創作的地形にひきずられて、参詣者は五日間で五万人から七万人と推定されている。馬鹿らしくて腹が立つが、腹を立てながらずるずるとその雰囲気に引きずりこまれていくから不思議だ。

南部や津軽の方言はことに難解であるから、その発音のリズミカルな独自の味を通じて内容をたしかめようとすると、こちらの神経がひどく疲れてくる。だが、その理解しにくい言葉そのものの奥にたくわえられている東北の女たちの、感情の核といったものに共感をいだかずにはおれなくなる、そういう魅力がたしかにそこにはあった。それは、言うまでもなく、死者との対話、死児への呼びかけの狂おしい熱気に対する魅力だ。

「これはこの世の事ならず、死出の山路のすそ野なる、サイの河原の物語、十にも足らぬ幼な児が、サイの河原に集りて、峰の嵐の音すれば、父かと思いよじのぼり、谷の流れをきくときは、母かと思いはせ下り、手足は血潮に染みながら……川原の石をとり集め、これにて回向《えこう》の塔をつむ、一重つんでは父のため、二重つんでは母のため、兄弟わが身と回向して、昼はひとりで遊べども、日も入りあいのそのころに、地獄の鬼が現われて、つみたる塔をおしくずす……」

この「和讃」からの導入によって、東北の女たちは、生と死の接点に立たされるのである。小さな石ころがケルンのように無数に立ちならび、ひっきりなしに念仏をとなえながらサイ銭を一円ずつ投げていく女たちの気持は、暗いばかりではあるまい。色とりどりの駄菓子を同じように投げている母たちのこころは、むしろ小さな救いで満たされていはしないだろうか。それは、対話と同じ重さをもつ動作だからである。そこには、またくずれおちた石を誰かが積み、またくずれたら誰かが積むという、絶望的な繰返しがある。死児がサイの河原で小石を積んでいると信じている老いた魂にとって、それと同じ動作をするというのは、子供の気持になりきろうと希うからである。死児の手つきを真似るその一瞬に、女たちはその霊と会うことができる。他ならぬ、それは自分の霊にもめぐり会えることなのだ。自己確認のきわめて神聖な儀式というべきか。

恐山は「死者の集まる山」というが、死者に会うという目的でのぼってきた無数の女たちは、幻影を描くことによって、薄幸を呪うように死んでいった人間の心になりきることができるばかりでなく、いまも生活の重荷と苦痛とにおしひしがれている自分にも出会うという二つの幸福にありつくのである。一つの目的が二つに枝をのばすが、二つの枝はいつも一つなのである。

まさにこれは日本人の悲劇の様式であるがゆえに、笑うことのできない喜劇となって現代のわれわれの前にひろがるのだ。女たちは、幼なくして不当にも死んでいったわが児の声を、よりはっきりきこうとして、「イタコ」（霊媒・一種の巫女）をつくり出した。そしてイタコは誰彼の別なく一つ覚えの祭文・呪文をうなり、女たちを陶酔させ泣かせるのだが、それがいかにもおかしく、おかしいおかしいと見ていると、かえっていっそうかなしくさせるといった時代ばなれのした存在として、そこにある。

「昭和××年の仏をおろしてくれ」とイタコに頼む。すると、その仏が生きていたときの思い出や死後のいまの様子をイタコの口を通じてしゃべる。ギリヤークの「チャム」と共通した一種のシャーマニズムであるが「口寄せ」の内容は陳腐である。それが方言で語られ、ときには教訓も折りこまれ処生の戒めを垂れたりすると、きいている女たちは眼にいっぱい涙をうかべる。

「おら、貧乏にうまれたでば、いまも何一つたのしみもない、何一つよろこびもない、なさけないことではござる……」

「おらは極楽浄土におれば心配することはない、あとにのこったおタカラ（子供）大事にそだてなば、かならずしあわせはくるものだでば……」

「なにほどしゃべでも、いぐらしゃべでも、くどいでも、いまさら無駄なわげのこどだども…」

「おらはいま一人まえのすがた形なく、おまえさまと顔向きあわせて話すこどできねば、これも世の因果とあきらめ、仏に念仏いたさば、おらのたましいはおまえさまのからだとともにくらし、おまえさまを見守るこどもできるというものだでば……」

「よくおれを呼んでくれた」「あげもの(供物)たくさんもらてよろこんで帰る」というように、とかくいろいろしゃべるのだが、結論的には「極楽にいる」ということになる。

講談のような調子、民謡をうたうような調子、そして口説き、あるいは浪曲といった節まわしで語られる死者の声は、一般的・抽象的である。その上、仏教の輪廻《りんね》思想や封建的モラルがあり、世俗的な感情が織りこまれている。それでも、それをきく女の方は、そこをよりどころにして具体的なイメージを内的に定着させればよいのであって、経文や呪文の意味など関知せず、その雰囲気のなかで、自分の歪みをそのままリアルに把握できればしんみり泣けるわけだ。

ここには自己浄化の要素がかくされているが、反面すすんで過去を思い出しすすんでそれをあきらめていくための自己拡散、自己否定の根性が秘められていることを無視できない。泣くことのよろこびは、苦悶のはてにたどりつく幸福感の片鱗にちがいないし、それなくして現実の苦しみから逃れることができぬという場合、女たちはイメージを過去からひき出すことをこうした原始密教的民俗信仰のなかに見出したのである。地獄の様相を想定することによってその責苦から遁走しようとするメタフィジカルなドラマへの参加を、わたしはそこにありありと見た。

では一体なぜこうした信仰が青森県におこり、そしてなお今日までつづいているだろうか。

理由はいろいろあろう。凶作、海難、疫病、子供の早死などがあるが、この土地の人たちの衛生思想の欠如からくるもの、封建的な血族結婚からくるもの、いずれにしろ盲目や奇型児が多く、健全な生活から見捨てられてきた。ことに出生率は全国で第一位を占め、死亡率は岩手県についで第二位という統計上の問題から類推してもわかる通り、生れてきては間もなく死んでいく児（幻子、幻女）が多いことをそれは暗示しているのだ。古くからある地蔵信仰にも当然「間引き」と関係があろう。

よく効く薬をのませたら死なずにすんだろうと思うことがある。だがその金がなかった。医者に診せるよりもイタコに祈禱してもらう方がてっとり早く安あがりであったからそうした。忙しくて看病もできずに死なせた場合も多い。こうして死んだ子供たちは、あの世でどうしているだろうかと思う。いや、それだけではない。その死児によってきっとこのままでは復讐されるにちがいないという、払いきれない負目と不安と恐怖とがあるのだ。もしも、あの世で友だちなどから痛めつけられたり、鬼からいじめられているとしたら、きっとこの世に生き残っている自分に恨みをぶちまけに迷うて出るはずだ。何としてもあの世の様子をたしかめねばならないと、イタコに口寄せを頼むことになる。そこで「極楽にいる」ことを確認すると、肩の重荷がおりて気が楽になる。その楽になったあと、サイの河原の方へ、巡礼の足をはこび、落ちるだけの涙をおとして、宇曽利湖のほとりの白い極楽の浜を行き、無料の温泉にひたるという経路をとるのである。これが信仰の形をとったレクリエーションであることは言うまでもないし、それらについては詳しく「農民生態論」として別の機会に書くことになるが、ここらで子守唄とのつながりを考えてみよう。

事実、恐山の信仰と子守唄とは直接つながりはない。盆踊り唄が真夜中すぎまでうたいはやされることはあっても、子守唄そのものはうたわれていない。わたしは、それが不思議だ、と言うつもりは少しもないし、むしろそのことにことさら気を使うつもりなどない。だが、津軽や南部の女たちが、イタコの口寄せに泣き、地蔵をまつり、サイの河原で石を積むその湿った心情は、子守唄における殺児のテーマに煮つめられた生命力をはらんでいると思えるのである。

あの「眠らせ唄」で、子供をおののかせた母親の鬼は、それでも早死したわが子にもっと多くの子守唄をきかせてやりたかったことを、きっと悔いているにちがいない。尻をたたいても、頬をつねっても、もっと多くの乳をのませてやりたかったと残念がっているにちがいない。死児のナマの声をきくことのできない母親は、同時にナマの声を死児に返すこともできない。その〈無音の対話〉こそ女の深淵からつきあげてくる黒い、いのちがけの愛の唄なのだ。だが、そこには、みずからが生存していくために、結果としてはわが子をいけにえにしてしまったものの罪の意識がまつわりついていることも見落すわけにはいかない。「間引き」をして葬るとき児の脇に鳥の羽根を入れて昇天を祈ったり、「水子」の碑を建てたり、その塔にいくばくかのサイ銭をあげる風習。あるいは、

月水之大事
極重悪人
無他方便
唯称彌陀
得生極楽

五百川清キ流ハアラバアレ
我ハ濁レル水ニ宿ラン

と書かれた護符をいだいた「わが死児に追われそうな母親」の罪汚れの自覚。それらはまさしく、そこから脱出しようとする自己浄化につながる愛の変形であった。「米良の子守唄」の荒々しさには、その後の問題は書かれていないが、あのなかの女の慟哭は、そのまま東北の死児を呼ぶ母親の声と同じものであるはずだった。

こうした原始的で呪術性に支えられた女の生態には、〈近代〉から見捨てられているものたちの、真の〈近代〉への切迫感が言いようもなくかなしく秘められているのだが、その野太さと、わが子への永遠の献身は、さらに近代産業の動脈と呼ばれてきた炭鉱にもあったし、そういう歪められた愛の唄はいまもわれわれの耳に悲痛な重いひびきとなってきかれているのである。

ヤマの子守唄

上野英信氏の『追われてゆく坑夫たち』に「地獄極楽、いってきたもんのおらんけんわからん。この世で地獄におるもんが地獄じゃ」というある老婆の言葉が書かれている。娘のころは父に連れられ結婚してからは夫とともに、生れた娘が大きくなるとその娘を連れて、一生を暗黒の地底で働らきつめた老婆であると、氏は説明している。

その老婆たちが、坑底にさがっていたときのことを述懐するなかに、「わたしの上の娘が十六のときでござした。末の息子が満二つくらいでしたかの、この子を守しとけ、いうのにその娘がぬるぬるしてよう動かん。〃よか、わたしが負うていく〃いうて息子を負うて坑内へさがったですたい。気性が激しくて、まぁ気狂いですな。息子はあのときさがった坑内の様子を覚えちょるといいますたい。その炭坑は浅かったですけん、子供を入れても体に悪いことはないとおもうたもんじゃけ、負うて行ったとじゃありますけどな。息子の頭に着物をひっかけて、〃頭ひっこめとけ、いいか、いいか〃いうて負うていきました」（森崎和江・女坑夫からの聞き書き）「坑内で流産する者も多いですね。なにしろ傾斜のひどいところを荷をかついでのぼり降りしますから、わたしも二回流産しました。いいえ別に休むということもないですねえ。綿とか晒とか持っているものはいやしません。赤ん坊が産まれたら、ボロになった着物にくるんどくんですから。流産すれば、わらじでも新聞でもあるもんをつっこんどく、というのが普通です。そして変らんように働いとる。子供が生まれると個人の家になんぼか出してあずけよりました。子が育つ間に親はなん回かケツワリ（脱走）、それを見つけ出されて叩かれたりしてね。事務所の土間に坐らされている親のそばにぎゃんぎゃん泣きよります。母親にすがりつこうとするのを蹴ったりしていました。そして父親も母親もステッキで気絶するように叩く。その横で泣きわめいたり気が遠くなったりする子供がかわいそうで、とても見ておられません」「子供を負ぶってさがりよったが、あんなひどいことしてよう生きとると思うばい。朝早く行かな函がとれんから二時頃でるたい。早くでると二番方の残り函がある。実函押すときは子を負うて何百間と押していく。から函をあっちまげこっちまげしてまた引いてくる。子を板木のうえさへおろして石炭をスラに積む。子が少し大きくなりゃメゴ（担い籠）に入れて垂木にさげてやったりしたの。函を押していくときにちょっとゆすってやる。かえってきたときにまたゆすってやりよった。時々、乳を飲ませてね。子供は坐るごとなりゃ、ショウケ（ざる）にざぶとんを入れて切羽で遊ばせとく、けど這い出してね。石炭ねぶって遊びよる。あぶのうして、はらはらしよったねえ」（同）と当時を語っている。

こうして、遠賀川すじの女たちは、夫とともに一つの切羽を請けて掘っていた。賃金は一日平均（十二時間から十六時間労働で）三十銭から四十銭ぐらいだったという（大正五、六年の筑豊の坑内夫の場合）。女子の坑内労働が原則的に禁止されたのが昭和三年（一九二八）で、昭和八年（一九三三）になると既婚女子の坑内労働禁止が緩和され、昭和十年（一九三五）には女子坑夫の三〇パーセントが坑内夫となり、昭和十三年（一九三八）には完全に復活した。

ここに語られている女坑夫とその子との生活断面は、炭坑のほんの一部分にすぎない（いままですぐれた前述の著書などが出ているので詳解は略したい）。そして、今日、石炭産業は最大の危機に追いこまれ、労働者の人員整理と政府の石炭政策転換によって中、小炭鉱は次々と閉山しつつある。土門拳氏の『筑豊のこどもたち』はそのなかで生まれ、黒いボタ山に囲まれ、暗い空洞の上にさまよう子供たちの生態に日本人の関心が向けられた。父親、母親、そして子供たちの気持はそれぞれの特長をもって、いまきびしい現実に向っているが、炭坑の危機が理屈を知らぬ子供たちの生活を歪め、心を閉ざしていることだけは事実である。

坑底にさがった女たちの孫たち。光のとどかぬ坑道をいのち賭けで男に負けぬように働いた人たちは、そこに生活の場、つまり生の始発点をもつことができたのだが、孫たちは荒廃した炭住を逃げ出し、まだ働けぬ幼ないものたちは学校にも行かずに遊んでいる。腹をみたせば元気が出る。乱暴な遊び方で、どす黒い地上を駆けめぐり、さまよっている。

温かい声をかけてくれる他人よりも、怒りつけられても母親がそばにいてくれることを望んでいる子供たちの孤独は、狭く、噎えた臭いのする部屋にあふれているのである。ヤマが閉山すると、父親も母親も他に口を求めて出稼ぎに行く。小学生の娘たちが弟や妹たちの守りをしながら、大人のいない家を守って生きねばならない。

・父ちゃん今日も帰らんき

母ちゃんヤマにボタ拾い
兄ちゃんどこまでザリガニ取りに
学校休んでいったやら
ザリガニ取ってなんにする
ゆうべのカユのサイにする
夕やけ雲は赤いのに
あしたも学校にゆかれんと

これは「ザリガニの唄」とも呼ばれる、森中鎮雄作詞作曲の新しい子守唄である。第七回九州うたごえ前夜祭ではじめて発表され、島倉千代子の唄でレコードも発売されているようだが、この唄には地元からの批判もあった。『ここに泉あり』の〝赤とんぼ〟の唄のようなものではないかという、情緒性への否定的意見や、描かれた子供たちがこんな他人の見たヒューマニスティックな世界になじまないという問題も含めて、注目されたものだが、たとえば『筑豊のこどもたち』の、映像による〈直訴〉の方法とちがい、作詞家が子守唄というものの概念規定をやった瞬間から、大人の陥る旧来の情緒のワクにはまりこんでしまったという決定的なマイナスがそういう批判となって出てきたのであろう。ここの子供たちにとって、子守唄とは沈黙の愛を実践することで自分のからだを熱くたぎらせるもののはずである。それは誰かを恨もうとし、さて一体誰を恨めばいいかわからず「夜、ねるたびに、のら犬やら、のら猫やらになったゆめばっか、みるよ……。のら犬やら、のら猫やらの、ほんなこて、うらやましかよ……。人間にうまれおてたことの、ほんなこて、くやしかよ……」とうめき声をあげる老坑夫の言葉の底にある人間宣言（上野英信・筑豊平野）となっていく燃焼のし方につながるものであろう。子供たちが、不安そのものを意識せずに紙芝居の飴をしゃぶっているからといっても、かれらを取り巻く人たちの必死の生き方は、ヒューマニスティックな世界を一度こわしてしまい、そこからはじめて自覚的に人間の本源に立とうとするものであって子供たちもまたそれによって感化されていくという関係を保っている。「地獄極楽、いってきたもんのおらんけんわからん。この世で地獄におるもんが地獄じゃ」からの出発にとって、あまくやさしい子守唄は上空を走る気流のように胸にこたえないものであった。マブベコをはいて坑底におりていった女たちが、わが子に黒く汚れた乳首を黙って吸わせるときの、しびれるような感覚こそ、母親の愛のうずきを知るときだった。この女たちの愛の遺産が、ヤマの子供たちに理解できないはずはあるまい。子守唄の旋律のないところに、子守唄が存在し、そこに無名の母親たちの労働のなかでつかむ愛の深淵がかくされていたのである。残酷であることから、一歩も身をかわすことのできない女の意地は、資本主義の圧制のもとでたくましく成長し、感傷をはらいのけ、そして子を産み、孫たちを育てたのである。この苛烈な愛の授受関係を通じての、無声、無形の子守唄の存在を、ここでわたしははっきりと提示したい。

夫恋いの唄

「種子島の子守唄」に次のような出稼ぎをうたったのがある。

・ようかい　ようかい　ようかいよ
よっとこの子が寝たならば
息をほしとしようものば
ようかい　ようかい　ようかいよ
おぜが父《て》っちゃは　どけいたか
あれは屋久島　鎌売りに
鎌は売れぬか　まだじゃろか
二年たってもまだ在《わ》せぬ
三年たっても　まだ在せぬ
三年三月に　状がきた

「ようかい」とは嬰児のことである。この子が静かに眠ったらほっとしようものを、と願う「眠らせ唄」であるが、多くの類歌が各地にあるように、これは出稼ぎの夫のいない留守をまもっている妻が、ふとしたはずみで隙間風のようなものにつき動かされる唄というべきだ。

・おかねが父《とと》さま　どこ行たね
かねのほしさに金山に
一年待てどもまだ見えぬ
三年三月に状がきた
状のうわ書き読うだれば
おかねに来いとの状じゃもの
おかねやるこたやすけれど
着せてやるもの　なになにぞ、
下にゃ白無垢、なか小袖
上にゃお一期《いちご》のおかたびら
これほど仕立ててやるならば
あとに帰ると思やるな
父さん恋しとさきを見れば
さきにゃ蓮華の花が散る、
母《かか》さん恋しと　あと見れば
あとにゃしぐれの雨が降る

あららん　こららん　子が泣くね
泣かせちゃなるまい乳くわえ
乳首くわえて泣くなれば
お茶かけ　白湯《ぶう》かけ飯《まま》くわしよ
それでもやっぱり泣くなれば、
布団かぶせてたたき寝しよ　（福岡）

のように、金山に行くのと、鎌売りにいくのと二種類がある。福島県、岡山県、大分県などに酷似した唄があり、自分の子供の父親とせず、「弟の仙松」としたものがある。また「三年三月」というのも共通しているが、文字もろくに書けなかった出稼ぎの男たちの立場がわかり、それを待ちわびている妻の気持もそのなかにこめられているのである。

「おかね」と「かねのほしさ」と「金山」と、揃えたところは、貧乏人の夢の一端と見ていいし、着せてやるものがないのに、あれこれとりっぱな、手の出ないものをならべている気持にそれは通じている。

この場合のおかねは、父親に呼び出されたのであるが、言うまでもなく父と同じように出稼ぎの道を歩かされることを意味している。父のもとへいくというのは、父と同じ境遇に立つということで、「あとに帰ると思やるな」と突き放す母親の表現にその論理がかくされている。

「あたしゃ十四になって一年守奉公したやね。百姓家の守奉公は手も足もひびだらけになった。金はおばさんが借金の払いにおさえてとってしまったね。そのころは行方不明だったおとうさんが鯰田《なまず》炭坑におらっしゃることがわかっての、その百姓の守奉公からあたしを引きとらっしゃった。そして十五の年の十四日に炭坑に入ったの。おとうさんはほんになんでも上手じゃった。あたしが入ったときは、まぶ(坑内)棟領しござった。〃荷と借金はかるいほうがいい〃といってね、石炭をかるくあたしのセナに入れてくれなさった。そして手をとるごとして担い方を教えてくれましたい。そして、朝早う入って十時頃になると、〃疲れるから寝ろ〃というて坑内着を着せてすみのほうにあたしを寝かせてじゃった」(筑豊での話)

こうした具体的な裏づけをもつ子守唄には、父親と母親と子供との、それぞれの眼が光っているのがわかる。「金山」は「炭坑」ととってもいいだろうし、娘を送り出した母親の気持のとどかぬところで、夫と娘が炭塵にまみれて働いていたのだが、事情がくわしくわからないので、留守をあずかる母親の神経はつねに苛立ち、欲求不満や月経不順、そしてヒステリーに悩まされていたにちがいない。弟や妹にあたる子供たちが泣いたり、言うことをきかぬと、「布団をかぶせてたたき寝しょ」と髪を獅子のようにふりみだし「化物ぁくるあね」とうたう津軽の母親の鬼のような顔に似てきたのだろう。

この夫恋いの唄に托した妻の不安と愛情と、娘を働かせに出す母親の心理との交錯は、土着者の強い意志を感じさせながら、やはり夫や娘の方に自分の心を放射しているゆえに、精神的なものも潜在的な本能も矛盾しながら結びあっている奇妙な内部の経過を、われわれに訴えかけてくるのである。そこには諦らめが芽ぶき、それをつみ切って生理の苦痛を超克しようとする母性の知恵がある。深淵をつきあげてくる女のエロスと名づくべきだし、それはきわめて今日的な意味を同時にはらんでいるのだ。

Ⅳ　出稼ぎへの道

「曲り角にきた農業」という言葉が流行し、農業基本法をめぐってあわただしい動向が全国各地に見られる。選択的拡大という抽象的な施策と、農業共同化という映像とが統一されないまま、農民は久しぶりに〈政治の嵐〉に吹きさらされている。だが、そういう政策の影響とは関わりなく、農民の階層分解は進行しつつある。それは政策以前の問題としてつねにあるもので、政策の根拠となっている事実にちがいないが、いま急にはじまったことではなく、すでに近世から徐々に進行していた動かしがたい事実である。

子守と子守唄の発生を考える場合、われわれは、出稼ぎ人の給源地である農村の内部事情をまず大ざっぱに知っておく必要がある。

農村の貧困

周知のように、近世においては小作人はやはり収穫高の三分の一ずつを公租と小作料として収奪され、その残りの三分の一弱で生活をまかなっていくほかなかった。当時の水田一反当りの収穫高を一石八斗程度とみると、六斗五升が公租、五斗一升が小作料、六斗四升が保有米という割合になるが、こういう公法的租税制度と私法的小作制度とが抱きあわさっていたために受けねばならなかった農民の苦しみの二重性は、読みおとしてはなるまい。だから藩政の動きが直接公租の納入者である農民に影響を与えることになるが、それでも容易なことでその土地から脱出することはできなかった。もちろん不作つづきのために田畑をすてて逃散した事実も各地にあるにはあったが、別にこれという仕事口がほかにない場合や家族が多い場合は、とうてい逃散さえできずそこに死を賭してとどまるほかなかったのであろう。

また、地主は小作料を滞納している小作人に対し作毛を差しおさえることができた。いわゆる「鎌止め」である。そんなとき地主のそういう特権には、武士階級の財政経済の維持者という奢りが含まれているわけだし、小作人が生きのびようとするためには、とりもなおさず上からの与えられた義務を遂行する以外にないという、ぎりぎりの袋小路しかのこされていなかったとみるべきで当然そこから「口減らし」の方法が考え出されるのである。その「口減らし」は、それだけの意味にとどまらず、ときによるとそうして家を出されたものたちのわずかの稼ぎを、実家の家計のために巻きあげねばならなくなることもあった。奉公人は「しつけ」のために出たものであること、さらにまた苦境にあえぐ親たちを助けるのはこの上ない「親孝行」であることを理由に、出稼ぎ人の不平不満をしりぞけるような矛盾にみちた空気がどこにもあった。

こういう近世における奉公人と村との関係は、明治期に入るといくらか性格を変えるようになった。明治五年（一八七二）の徴兵制度の実施や翌年（一八七三）の地租改正という法制上の問題からくる原因もあり、商業資本や高利貸資本の産業資本への転換にともなう経済事情からくる原因もあったろうが、それかといって、出稼ぎ人の排出地である農村の変化はそれらの問題を周囲にはらんでいながら大したものではなかった。もちろん、制度上の封建的諸束縛は解かれたものの、それは封建領主の全農民層への支配関係が撤廃されたというだけにすぎず、実質的には地主対小作人の支配と従属の関係がかえって強化されることにさえなっていったのである。そのことは、日華事変中の「国民精神総動員」運動が徹底するまでの期間に展開された全国の小作争議の実態を見ればわかる。

たとえば明治二十年（一八八七）前後には米価が石当り四円八十銭に暴落し、小土地所有者の没落がいちじるしかったようだが、『日本農民の疲弊及其救治策』の著者マイエットの推定によると、明治十六年（一八八三）から同二十三年（一八九〇）にかけて三十六万七千人の地租滞納者が処分を受けたとなっている。この結果、当然零細農の増大と大土地所有の発達による小作地の増加が考えられる。ちなみに、その年の小作経営の内容を家計（二十七ケ村、年平均）にもとづいて考えてみよう。田地（小作地）十反、畑地（同）二反としての算定である（単位・円）。

収　入	
田収穫米	一二四
田収穫麦など	一八
普通畑作	一六
園芸養蚕など	一七
賃労働	一四
雑収入	一三
計	二〇二
支　出	
米	四三
麦	一四
塩	二
醤油	二
味噌	四
酒	三
その他	八

（小計	七六）
小作料（田）	六七
同（畑）	八
負担	二
肥料	一五
衣類	八
住宅修理費	三
薪炭油など	六
負担利子など	一
雑費	一三
（小計	一二三）
合計	一九九
収支差引残り	三

この表で目立つのは支出の部の小作料六十七円と、同じく米代四十三円である。小作料六十七円は生活必需品購入費小計の七十六円に迫る額であり、このことは小作料の減額によっては日本農民の文化水準がずっと上昇したであろうことを暗示するものである。だがそれが不可能であったため

に、はじめにも書いたように出稼ぎの必要性が高まるわけである。それを裏がきするように「最下級農家は例外なく小作人で農業の外日雇となり其賃銭を以て食糧の補助となす。男の子供は十一、二才で退校させ、草を刈って堆積肥料を作るの事をなさしめ、女児は十才頃には近傍の富農へ子守奉公に遣り、可成り口数を減少し、以て辛ふじて其日を送るの有様なり」（土屋喬雄・明治二十一年農事調査に於ける小作事情）と述べられており、「我国中流農家平均生活費は一人一日十六銭、下流農家は実に八銭、更に一部の農村に於ては一人一日の生活費三銭五厘と言ふ悲惨なる事実さえあり」（横田英夫『農村革命論』）という指摘をもってすれば、富国強兵策にたって日清・日露戦争へ突き進んでいく日本資本主義初期段階における農村の実態がほぼつかめるかと思う。

半封建的小企業から大資本導入による産業の進展にともなう大きな動揺は、とりもなおさず半封建的農業機構から若い労働力を引き出すことと照応しており、村にとどまっては食えないという事情と向きあう関係にあるだけに、商家や富農に糊口をもとめていく子女たちは、いずれも日本資本主義の人柱だったということができよう。子守娘は、そのなかで最も苦しみをなめた、報われることのなかった人間である。この人たちの子であり孫であるわれわれが、そういう血をわけていま存在していることに無関心でいられるはずはない。

たしかに戦後の農村は変わったし、現在も変わりつつある。独占資本の強化につれて農村の内部がその反作用として崩壊していくとみられる以上、村を捨てて都会人化する人間の数は増大し下層労働者の被害の意識も深まっていくのは必然である。子守娘の心情が時代や仕事の形・内容を超えて理解できると思われるのは、そういう背景がもつ〈支配〉と〈被支配〉との関係が、今日もその人間関係において共通性をもっているからである。

子守の位置

巻頭にも書いたように、子守という職種はすでに消滅しているといっていい。そういう呼称をきくだけで、やりきれない思いにとりつかれる読者もあるかと思うが、戦前まではひろく一般にあったことは事実である。

では一体、その職種としての子守はなぜなくなったのだろうか。誰かが命令したとか、法制的な力によって廃止された、ということでわれわれの周囲から姿を消したのではない。まったく微妙な問題であるが、原因としていくつかあげることはできよう。

1　戦後人口が増加し、家事に関する限り人手不足が解消されたこと。夫が働きの中心にもどったため、妻は自分の子供たちを育てる上で時間的な余裕をとりもどした。

2　栄養がよくなり、子供用の食物の数量が増えたこと。そういうものをあてがっておけば守をする手間がはぶける。

3　基本的人権の保障をうたった憲法の思想が普及したこと。子守のような人権を無視された世界に、娘たちが反発し近づかなくなった。

4　自力で生活する道を、大会社や工場などにもとめるものが増えてきたこと。中小企業などで、住みこみで働くものがあとを絶たないが一般にはそういう傾向が強い。

などであるが、そのことは社会の進歩のあらわれとして、よろこばしいのだが、子守という形をとらなくても、かつて子守が味わされてきたであろうさまざまの苦渋と共通のものをいまもなめている雇われの立場の人びとがいることを忘れてはならない。子守は形式としてはなくなったが、実質はいまなお残存するという奇妙な現実がある。たしかに4のような現象が眼につく。大企業への就職を夢みるのは人情であろうし、そういう場所の方が経済的にも精神的にも安定度が高いことも常識となっている。しかし、希望通りにうまくいくとは限らないし、その人の能力も関係してその夢を破りみずから別のコースをたどらざるを得ない人びとが当然出てくるわけである。夢を失った人びとの行きつくところには、古くてかびくさいイメージがつきまとってくる。それが、忍従を強いられた子守のイメージである。

いまは、子守のように「しきせ」（賃金のかわりに季節によって給与する着物）でごまかしはしないだろうし、低いながら賃金も定められ、休暇もあり、ときとしては待遇について希望や意見を述べることもできるようになってはいるが、住込み店員などの場合、そこにただよう古風な雰囲気は、きっと子守娘の心情を想起させずにはおかないだろう。ということは、現代もまた子守は生きているということだ。わたしは、この飛躍的な論理に重要な意味をかけているものであって、そこから歴史の真実とでもいったものを抽き出したいと思う。

このように、形式的には完全に姿を消した子守を、別の職種のなかに発見し、そこで子守唄の問題を論ずるのは、邪道のそしりをまぬがれないかもしれぬが、そういう方法論なくして子守唄の今日性は説明できない。無形のもののなかに有形がもつリアリティを見出そうとする場合、多くの独断がともなうことも、はじめからわたしは覚悟している。もしそれがいけないとすれば、子守や子守唄を論ずるのは過去のみに執することになろう。「思い出とは過去を通じて知る未来の認識にほかならない」(ルネ・ギイ・カドウ・『非メタフィジック詩論』)という示唆にとんだ章句をわたしは近しいものに思うがゆえに、これを逆さにして、今日の必要性から過去の子守や子守娘に照明をあてたいと考えている。

では、子守とはどんなものを指し、当時はどういう位置に立たされていたのだろうか。昔の小学校唱歌などには、心温まる、抒情的な感じをもったものとして描かれているが、それは、修身的配慮というものであろう。商家や地方の豪農などが、十才そこらの娘を雇い入れて子守という特定の仕事をあてがうようになったのは、大体明治以後のことである。背に子供をくくりつける習慣が一般化するまえは、「えじこ」「いずこ」と呼ぶ藁製の籠のようなものに入れていたらしいが、それでは子供がかわいそうだという、一種の心の余裕が商家や豪農の家に出てくると、子守が、女中の仕事から分化独立していったのである。年令的にもわかいので、女中よりさらに家での位置は低かったことは言うまでもない。

東北ではいまも「えじこ」で育てられるところがある。衛生上よくないという意見もあるが、農民の側からしてみると、それにはそれなりの理由があるらしく、大牟羅良氏の『ものいわぬ農民』にその理由を説明する母親の言い分として「えじこだと、畑仕事から帰ってきたとき手を洗わねえでも、チチコ（おっぱい）のませるによがんすもス」「冬ァ、えじこだと暖くて風邪コ引がねくてよがんす」「えじこだとオシメ三枚ぐらいで一日間にあうす」などがあげられている。こういう理由は衛生思想の問題とは無関係に農民たちの生活の必然からくるもので、その形式をみずから打ち破っていくことができないところにまた別の問題があるわけだが、都市やその近郊の村々では「えじこ」から子供を引き出すことが早かったのである。しかし、いまでも九州の村で、農繁期に「メゴ」と呼ぶ竹製の丸や四角い籠に子供を入れ、暑いときにはその上に日傘やコウモリをさしているのを見かけることもあるが、これらは適当な子守が家族のなかにいない場合が多い。

こうした「えじこ」やそれに類するものが使用されているという事実がなお現在もあり、さらにさかのぼれば近世の後期明和九年（一七七二）の『山家鳥虫歌』に「つとめしょうとも子守はいやよ、お主にゃしかられ子にゃせがまれて、あいに無き名を立てられる」というのがあり、文化四年（一八〇七）頃唄われた小唄に「わしがわかいときや、おかめというたがのんころ、いまは庄屋どのの子守りする、ねんねんころころねんころり」というのもあって、やはり子守りを一つの仕事あるいは役目としていた娘がいたことがわかるが、やはりはじめに述べたように、子守が、子供を自分の背に結えつけて外を歩くようになったのは一般的には明治以後とみてさしつかえない。

子守は、「奉公人」と呼ばれる出稼ぎ人である。「奉公する」という語源は、もとは武士が主君に仕えることをいったのだが、それが明治に入ると、ひろく「オヤ取り」「主取り」までも含めての雇われ人に使われるようになり、たとえば、草履とりや商家の番頭、手代、下男、女中、小僧、乳母、子守などがそれに該当する。男の場合は、小僧や丁稚の時代に雑用にこきつかわれ、成人すると平前髪、さらに角前髪、そして前髪を剃って二十年の年期奉公を無事つとめあげると、「ノレン分け」という独立の道がひらける場合が多かったが、女中や子守はそうはいかなかった。その家で年期をつとめあげて実家にかえるもの、親代りに嫁に出してもらうもの、あるいはそこで老いはてるものと、形はさまざまだが、いずれにしろ希望のない生き方であることに変わりはなかった。

こうした「奉公人」が、貧しい農村から出たという事実は、今日まったく常識となっているが、それらを少しほりさげて考えてみる必要があろう。

近世の中期以降、街道すじの村々に集まってきた不在地主（百姓の二、三男）が、分家の形ではじめた造り酒屋、醤油屋、油屋、旅館などが、奉公人を抱きかかえることになる。その求人の方法は、「桂庵《けいあん》」という雇人専門の口入れ業者のだましの一手にかかっていたといってよい。現代のように公共職業安定所または新聞その他による求人求職の方法がとられていなかったから「桂庵」の出現は一応やむを得ない面もたしかにある。もちろん、そういう悪質な口入れ業者の存在だけが問題ではない。〈しつけ〉という名目が世間的に通用していたから、そのために親は娘を出すのだと思いこみ、実質的な身売りにもかかわらず、周囲はたがいにそれを咎めあうこともなく暗黙のうちに了解が成り立つというふうであった。さらにそのことは他を批判する余地がいささかもないほど窮乏していたという理由のほかに、親が子を売るという際の「売る」という観念が、今日言うところの「売る」とかなり異っていたことにもよるわけで、その点も決して無視できないことだ。

すなわち、田地を売るのに「永代売り」か「年期売り」かを問題にしたり、あるいは「本物返《ほんもつ》し」といって買いもどし、特約つきの売買というケースがあったりしたのは、中世以降のわが国の農村における不動産の取引きの特長であるが、そこから、田を何年間か期限つきで他人に耕作させることを「田を売る」ことだと観念しそれが一般化していたとみるべきで、土地を売るというより土地のはたらき（機能）を売ると考えられていたのである。それと同じように、人間のはたらきを売るのが身売りであって、人間の生命まで売りとばすのではないという気持がつきまとっていたことを、それらは物語っている。こうした条件のもとでは人身売買が人権問題化するおそれはなく、むしろ逆にそれを正当化しようとする力の方が大きかったところに、民衆の犠牲の続出する原因がかくされていた。しかも「しつけのため」という理由を正面におし出せばおし出すだけ、悲劇の根は深くかくされてしまうことになった。

女郎に売る場合と子守に出す場合との、親の気持のちがいというものも無視できない。女郎になっていく娘たちが現実にはたくさんいるが、親たちはその仕事の内容をほぼ知って「賤しい仕事」と考えている。決して誇りとは思っていなかったろうし「女衒《ぜげん》」の口ききで売られていくときは、大ていが「良家の女中だから心配することはない」などと言われているので、行く方はそのつもりで覚悟しても、親の方はだまされている娘を不憫がっていたろう。それは、やはり意識として「賤しい仕事」というものがあったからだ。

それにくらべると、子守の場合は、使ってくれる側にいっさいまかせきりでいいし、良家でしつけてもらえば人前に出ても恥をかかぬようになるだろうと親は考えている。肉体を汚すこととは無関係だから「賤しい仕事」ではないという理解の上に、そういう誇りと安心感とがあったところにまた問題があった。女郎はいったん廓《ろう》にあがったら特別に「身受け」される場合以外は、その世界から足を洗うことはできないから、親にしてみれば余計に覚悟もいったろうが、子守は「先たのしみ」というふうに受けとめられていたから、現実の「口減らし」とだぶってくると、親は進んで出した。

このように、女郎と子守との場合の親の考え方の差というものは、それほど現実的であったかといえば、実はそうではない。子守が、いわゆる出稼ぎという形態をとり、年期あけには家に引きとり、年がいくと別のところに女中としてまた出せるというような好都合な面があったとはいえ、出ていったものの気持としては、女郎も子守も大してちがわなかったということだけは想像できる。
両者とも、賃金契約というものはない。子守は、「家族の一員として扶養してもらい、しつけしてもらう」という親としてはありがたい条件なので、契約を要求する気持はないわけだが、そういう弱味を使用人は逆用したのである。「家風に合わせてもらう」ことを主張することもできたし、酷使しても「食べさせてもらい着せてもらって何の不服があるのか」という具合に出られると、出した方の親としてはそれを善意に解し、しつけの厳格さをむしろ賞揚しようとさえしていた。このあまりにも善意に満ちた労力提供者側の態度が、おくれすぎていたのである。明治中期頃から活況を呈しはじめた製糸、紡績などでは、女工たちはやはり近代的な意味での賃金契約の上で、眼にあまる搾取をされながらも、労働者としての自覚をもって働らいていたのだが、子守の方は、扶養されるという形が見えすぎるのと、年令的に幼ないことも手伝って、労働者としての取扱いをされなかった。

このように意識のおくれと、不幸とが重なりあっているところに、女郎もまた立っていたのである。廓には、歪められた性の開花はあったが、自由は一かけらもないといっていい。一晩に幾人も客をとらされ、きらいな客にも愛想のいい媚態を見せ、一つの機械と化した性の機能に自分をすりへらしていく、はてることのない日常のくり返しであった。身体の障碍があり、性病にとりつかれ、なかば廃人となっても、衣裳代などで借金がたまっているので家へ帰ることができないのである。

この毒の花・華やかなる奴隷の、性の爛熟がもたらす不幸は、思春期から青春期をおしつぶされて美しい性の開花をみることの少なかった子守の不幸と対応するのだが、しかしそれらの異質に見える不幸も実は同じものでしかなかった。求めようとしないでのしかかってくる重荷は、求めようとして得られない貴重な品への渇望のあせりと同じ気持で支えられる性質のものだからである。

わたしは、女郎と子守とが同じ状況下の農村から排出されたいわば姉妹のような存在であるという以外の、右のような心情の負担の共通性をとらえて、女郎と子守とを並置することができる。

たとえば、人身売買の一つの典型を示した次のような「口説き」には、女郎の背景がそれなりに活写されているが、これも子守の出郷と類似していよう。

・越後蒲原郡どす蒲原で
　雨が三年、旱《ひでり》が四年
　出入七年困窮となりて
　新発田《しばた》様へは御上納ができぬ
　田地売ろかや子供売ろか
　姉はじゃんかで手がつけられぬ
　妹売ろとて御相談きまる

妾しゃ上州に行ってくるほどに
さらばさらばよ　おとっやんさらば
さらばさらばよ　おっかさんさらば
まだもさらば　みなさんさらば
新潟女衒にお手てをひかれ
三国峠のあの山の中
雨ゃショボショボ雉ン鳥や鳴くし
（中略）
やっと着いたが、木崎の宿よ
木崎宿にてその名も高き
青木女郎衆といふ其内で
五年五ヶ月五々二十五両で
長の年期を一枚紙に
封とられたは口惜しはないが
他らぬ他国のペイペイ野郎に
二朱や五百で××をされて

美濃や尾張の芋掘るように
五尺体のまん中程に
鍬も持たずに××××
口惜しいな

これは、天保飢饉の頃、新潟方面に流行した「瞽女《ごぜ》の口説き」である。この盲目の瞽女によって村から村へうたい伝えられた娘の顚末記は、紋切型で通俗的な感じをまぬがれないが、こういう表現法をもってしか、民衆の感度に合わせることはできなかったろう。ここでは五年五ヶ月の年期をかぎって、「前借」として二十五両が親の手に渡されることがうたわれている。

正確な資料はつかみにくいが、明治中期頃には娘一人が五、六円で取引きされたといわれるが、当時の米価が石当り四円五十銭程度であったから、人間の値段がいかにひどいものであったかがわかる。また、明治十年代には米価が暴騰して、石当り十一円二十銭台にのしてきているから、比較してみると娘の値段が米一石以下だったというおどろくべき問題が出てくる。女衒たちは、農家の窮状につけこんでつとめて安く取引きし、七、八円で相手に渡していたものと推定できる。

子守になると、まるでタダ同然に引渡されているから、親としては「賤しい仕事」につけたという心の負目がないかわりに、経済的な損失に耐えねばならなかったのだ。

いずれにしろ、親もとをひきはなされて自由を失った〈鎖のない奴隷〉たちを、いかなる制度も、本質的には解放することができなかった。

子守唄の発生の苦々しい基盤はそこにあった。そして、誰かがきっとこのつらさをうたいだすにちがいないという内部の要求が生活の現実に立ってたかまっていたからこそ、娘たちはおたがいに通じあう唄をつくり合ったのである。

・泣いてくれるな、もうここ半季
半季くれたら帰ります　（兵庫）

・わしほど因果なものはない
七つ八つから茶屋町へ
子守奉公に行ったなら
そこの姐《あね》さまひどい人
火吹け、灰吹け、火鉢吹け
しまいにゃ坊っちゃ着物着しょ
そこで子守の思うには
はやく正月くればよい
はやく正月きたならば
下駄を片手にぶらさげて

風呂敷包みを横に背負い
姐さま、姐さま、いとまごい
正月すんだらまたこいよ
こんなひどいとこもういやだ
正月すんでももうこんぞ
はあてな、はあてな、はてはてな
はては野となれ山となれ
はては山となる、川となる　(長野)

こうした「誠にしがない子守唄の類でも、其の当座に手を尽して見たならば、作者と名づくべきものは必ず有るはずである」(柳田国男・民謡の今と昔)し、そこに張りつめた感情が通ってつくられたことにはちがいないが、それがつぎの日から「読人不知《よみびとしらず》」になっていき共通の所有になってしまうところに、子守たちの境遇のひどさ加減が酷似していたことを証明するカギがあるわけだ。

しかし、地域によってはまったく別の性格を帯びてくる場合もあった。大間知篤三氏の調査になる伊豆の利島の例などがそれである。伊豆七島にも共通するらしく、わたしも新島でそれに近い話をきいた。

子守をやとう場合、昔は、膳に白米一升、うどん三把か五把、麻を添え、さらにお茶一摘みを添えていたということだが、その後戦中までは銭をもっていったらしい。今日ではその風習はほとんどすたれているようだ。

年令は十才前後で、近くは、親戚からやとうような場合が多かったようだが、そういう品々を添えて子守を承諾してもらうと、頼んだ家で「守やとい祝」をやり、両方の近親者を招く。そして、やとわれた方の家でも「守やとわれ祝」をして双方の近親を招き、「守は百まで子は九十九まで、ともに白毛のはえるまで」という祝唄をうたう。

守の両親を「モリオヤ」と呼び、初児が産まれると、その「モリオヤ」が、男の場合は天神様と舟型を、女のときは羽子板を贈る。そして「シラー様」（白紙を折って人形になぞらえたもの。東北地方の「おしら様」と同じ性質）と天神様には丸餅を三つ重ねて供えるが、それも「モリオヤ」の方でやる。

守は子供が三才になった七月七日までが期限で、その日に「ウブイアゲ祝」（背負いおさめの祝）「守もどし祝」をする。それにこたえて、守の家では「守もどされ祝」をして同じように近親者を招くという、念のいった結びつきをもっていた。

守に対しては、盆と正月に「シキセ」をやるだけで定まった給金はなかった。「ウブイアゲ祝」のとき、二十五、六才までぐらい着られる「ウブイアゲ着物」を贈られたそうである。

さらに十五才の成年式にも守の存在は無視されなかったというから、人間関係の深さが推しはかられる。男が成人して江戸に初旅に出るときは、「モリオヤ」が出船祝に、椿油で揚げたかき餅を贈る。また守が十五才になって「カネツケ祝」をされるときは、やとっていた家の方が、衣類や櫛や履物までそろえてやる風習があったようだが、近年は結婚式のときそれをやるように変ってきたという。

いずれにしても、孤島における閉鎖的な生活が、守を通じて人間関係を緊密にしたのであるが、子と守とは終生気持を通じあう間柄であったらしい。守は、ときとしては子の親がやるような世話もするし、意見することとさえあったし、「モリオヤ」や守が死んだときなどはその棺を子がかつぐというのである。いわゆる親類つきあいというのではなく、子が「モリオヤ」の家に対して尽くす「義理」は、子の家が尽くすのでなく、あくまでも子そのものが尽くすのであった。それはまた、守された子の冠婚葬祭には「モリオヤ」や守が十分の「義理」をはたすその返礼の意味も含まれていたようで、それは後の章で述べる「オヤ」「コ」の関係とくらべると、大きな差があり、そこにまた僻村の人間関係の特長を見ることができるのである。

このような例は、小さな村の中だけでとり交わされたものなので、一般的には通用しないし、民俗学的には価値のあるものではあるが、わたしが主として問題にしようとする出稼ぎ人の立場と心情の解明にはさほど役立たないけれど、孤島における共同体意識のあらわれとして参考にはなるかと思う。瀬戸内海にもこれと似た事例があるときく。

子守唄は、たしかに粗雑で荒っぽい。しかも悩みをもったもののために誰かが予期したようにひとつの型をもって伝えられたものなので、数の多いわりに、作業唄やお座敷唄のような技巧的なものや文学性のあるものはあまり見られないが、そういうことを求める研究家にとってはもの足りなさをもちながら、なお重々しい生活感情と抱きあわさっているだけに魅力を失うことがない。

子守娘の嘆き

・一にこあえは子守役
二に朝おき泣く子をだまし
三にしゃべらされて
四に叱られて
五に五器箸あらだめられ
六にろくだもの着せかぶさせね
七にしみしまで洗せられて
八にはじかれて
九に口説かれて
十に親どもにとどけられてさあ
ねんねろやい、ねんねろやい（青森）

のような、数え唄形式のものが多く、数を追いながら生活の具体性を断片的にではあるが押し出そうとしている。たとえば、つぎのような形で、数え唄が完成すると、それがさらにひろがり多くの類歌を生むわけである。

・一に苛《えい》びられて
二に憎まれて
三にさべらされて
四に叱られて
五に後生焼《ごしや》がれて
六にろくなもの食せられず
七にしめしなど洗わせられて
八にはられて涙をこぼし
九に苦をして体をやつし
十にとうとう追い出され
子守なんぞはあわれなものよ　(山形)

ボキャブラリーの貧困さもあり、リズムをととのえる上での必要性もあって、こうした数え唄形式の語呂あわせにこだわったものが出てくるわけだが、こうなると、かえって類型的な弱さをさらけ出す結果になるようである。だが、それだからといって、娘たちの気持が唄のように淡々としたものであったということには決してならない。むしろ、そういう風にしか自己を表現できなかっただけにいっそう深層の苦しみにさいなまれていたことを、われわれは汲みとるべきであろう。

藪入

自分の悩みを打ち明けることのできるのが「藪入り」だった。盆と正月の十六日に親もとへ骨休めにいくのが表向きの休暇の理由だが、娘たちは胸に鬱積した感情をあれこれととりとめもなく喋ることのできるよろこびのために、「藪入り」をありがたがったとみるのは、わたしの勝手な断定だろうか。架空の対話ではなく、直接向き合ってかわされる親と娘の対話の意味とそれを求めてやまないはげしい気持は、「ふるさとへの慕情」の章で詳解するつもりだが、空に、夕日に、山に向って親に呼びかけた唄の多さが、「藪入り」の日の充足感を暗示しているとみることはいたって容易である。

ところによっては、奉公先から娘の両親に駒下駄をもたせたり、めずらしい土産物をくれることもあったらしいが、その反対に、自分の娘が酷使されることをきき、帰りには奉公先に手土産を工面してもたせるということが多かったときく。ことに母親は自分が過去にそういう苦い体験をくぐりぬけてきているので、使用人の機嫌をとる方法を知って、そうしたものであろう。「しつけ」というのは実は名目だけのことで、その母親だって「しつけ」のために若い頃奉公をしたのだが、そんなものは士族や商人や豪農などの家庭に必要であるほどには、貧しい農家では必要でないことを身をもって知っていたはずである。父親が「しつけ」を口にしてあまり深入りしないのにくらべ、母親には「しつけ」の一語だけでは納得しきれない痛々しい過去の年輪がからだの内に詰まっていたはずである。もちろん小学校教育で修身の地位が他の学科に優位してくるようになると、上から貧農の子弟にも「しつけ」が強要されるようになり、そういう母親のもつ内部矛盾も深くなっていったと想像される。

・こんな泣く子のお守はいやよ
　お暇おくれよ、わしも去《い》く
　お暇やるけどなと言うて帰る
　和子《わこ》が死んだと言うて帰る　（三重）

この切実な表現力を支えている娘の心情は、きっと母親もかつて味わったものだったにちがいないし、口にしなくてもそのことは受けとめてくれるはずである。こうした精神の継承・授受の接点こそ、「藪入り」の意味を高めたというべきであろう。

衣と食

「つらい」と一般に言い、数え唄の形をとって仕事の内容をうたいあげてはいるが、それだけではっきりしない、衣・食について考えてみよう。

言うまでもなく使用人の個人差や地域の風習のちがいというものがあって一律に断定してしまうことはむずかしいが、「粗衣粗食」であったことにはまちがいない。「しきせ」の木綿絣の筒袖の着物で、人によっては夏も冬も大してかわらず、その一張羅で通すものさえあった。美しい着物にあこがれを抱く年頃である。下帯（「湯具」「二布《ふたの》」「脚布《きやふ》」「下結《したむすび》」「恥隠し」「湯文字」「いもじ」「湯巻」などと呼んでいた）でも緋《ひ》縮緬《ぢりめん》や絹や綸子《りんず》の布地を一度は使用してみたいと思うし、それに一人前の女になりかける頃ではあるし、それらにも何かと気を使ったらしいが、多くの場合、晒《さらし》の布地をあてがう程度だった。奉公先で気をきかせてくれるところはいいが、そうでないところで自分のもち金で購入するとなれば、落ちつくのはやはり晒ということになる。

また、お洒落は許されなかったから、奉公先に同じ年頃の娘がいるようなときには、その娘とはっきり身なりを異にしておくことを必要としたのである。お嬢さんと子守との区別が説明を要しないで一見してわかるようにするため、「しきせ」もその点を考えてあてがわれ、子守娘を極度に醜くしておいたとも考えられる。

足袋がはけないし、冬など台所で水を汲み、掃除をするので、霜やけができる。そんなときはあんどんの種油や人の食いのこしの蜜柑の皮をなすりつけて手当てをする。アカギレが痛むと飯粒をその口に詰めこみ、ときには主人の目をぬすんで貝殻にはいった膏薬を金火箸をやいて傷口に塗りこむのである。

食事は、家族同様というわけにはいかない。残飯を片づけるのは米の方が多い飯にありつけるときだが、粟や麦や薯、そしてときには大根などを切りこんだ飯に、少量のおかずがつくことがほとんどである。今日とちがって一般に栄養価についてはまったく無知な時代だったから、腹を満たせばそれでよかったわけである。いま考えてみると、そういう状況のもとで子守だった人たちは体力がかなりいまとちがって劣っていたにちがいない。

風呂もしまい風呂をあてがわれ、みんなが寝静まったあとの女中部屋の隅で、あんどんの油などを髪に塗っている娘の像を想い描くとよい。ぐずぐずしていると一番鶏がなく。夜明けには起きねばならず、顔を洗う前に水汲み、炊出し、掃除、そして泣く子を背負って庭の掃除などが朝の仕事として待ちうけていたのである。ことに下男や女中を別に置いている大家だったら、それぞれ分担がきまっていていくらか楽な面もあったが、女中と子守を兼ねる場合はその労力は大へんなものだったにちがいない。

こうしたつらい時間の繰返しなしには、年期はあけないのである。年期あけを待つ以上、どうしてもそのつらい時間に耐えぬく必要があった。

・いやだいやだよ泣く子の守は
　あたま張るかと思われる　（静岡）
・泣いてくれるな身がやつれるに

身よりこころがやつれるに　（愛知）

・うちのこの子はよう泣く餓鬼じゃ
親に似たのか、子のくせか　（兵庫）

・おどみゃいやいや、こぎゃ子の守は
絹や小袖に巻かれても　（熊本）

のような、平板なものから、次第に残酷な表現をとるようになっていくのは、言うまでもなく、つらい時間を耐えぬこうとする努力のばからしさに目覚めたとき、内からはげしく噴きあげてくる熱い忿懣のせいであった。

・意地の悪い子は太鼓に張ってよう
みんなお叩き、青竹でよう　（愛知）

・この子泣いたら俵に入れて
土佐の清水へおくります
土佐の清水は海より深い
底は油で煮え殺す　（奈良）

・わしらあの子に言われたことは
死んで腐っても忘りゃせぬ

死んで腐ってもし忘れたら
白い衣きて迷い出る　（和歌山）

「叩く」という言葉をひき出すために、「太鼓に張って」とした表現はちょっとおもしろい着想であるが、俵に入れて油の煮えたぎるところへ送りこむ唄や、白い衣きて迷うて出るという常套手段は、唄のおもしろさには乏しいが、やり場のない暗い怨念のようなものが、からだのなかで鬼火のようにもえていることを証し立てるのにはこと欠かない。一種の復讐心とみてさしつかえないがよく考えてみると、たとえば「油で煮え殺す」とうたいあげて自分の感情を極限までさらけ出してしまったあとに、生温かい快感が波のようにゆらぎはじめるのが、われわれには想像できる。しかし、だからといってこれを解放の世界と呼ぶにはあまりにかなしすぎる。

けれども、日々の被害者意識が怒りを娘の身内深く醗酵させることによって、それがついに加害者意識へと転化されるのだが、一人一人の力は弱すぎたし、加害の可能性ははかない仮想にすりかえられ、焦点のぼけたものとなっていくのである。

子守唄から女工唄へ

子守と女郎との発生の基盤の共通性については、すでに述べてきたが、ここではわが国の資本主義の抬頭期における紡績女工たちとのつながりを唄を通じて少し考えてみよう。

明治から大正にかけて次第に巨大なものとしてふくれあがっていく製糸関係の工場は、貧しい農家の娘たちで埋められていった。大正十三年（一九二四）には製糸労働者の九七パーセントが募集人の手を経て集められたというが、女郎たちが女衒の口にかかってかり出されたと同じように「工場にいれば美しい着物をこしらえられる、おいしいものも食べられる、芝居もみられる、そのうえ年期を勤めればお金を沢山もって家にかえれる、というような話をして親たちをまるめてから、四、五円の手付金を出した」「明治三十年代には、五円あれば米一俵がゆうに買えたのだから、貧しい農家では募集人のこの言葉に飛びついた。いよいよ工場にはいるときは、春挽き、夏挽き、一ヵ年、または三ヵ年の年期を定め、三ヵ年でおよそ十五円から二十円の前借をして、雇傭契約の一札をいれた。大正十年ごろでも、埼玉県の調べによると製糸労働者の九二パーセントまではこの前借契約であった。そしてこの契約の内容は、雇主だけに都合のよい一方的なものであった。⑴雇傭期間中は工場主の命令に絶対に服従すること、⑵工場主の都合によっていつ解雇されても異存はない、⑶労働者の都合により退職するときは、積立金、未払い賃金（賃金は年末まで払わなかった）は没収されるばかりでなく、雇主の損害に相当する賠償金を支払うこと。これは明治、大正を通じて同じものであった。前貸で雇入れた労働者だから、その約束期間中働かせねば雇主の損害になるとみなされた。損害賠償は少い場合で前借金の五倍、多い時は二十倍という高額で貧しい親たちにはとうてい払えなかった」（岩波新書『製糸労働者の歴史』）事情は、そっくり女郎の場合と共通する。

女郎は主として町人を客にとったので、そこでは「麦搗唄うたふなと女街言い」の川柳が示すように、村でうたってきた唄をつとめて抑えつけ、いわゆる花柳界向きの、非生産的なものをうたわされた関係で、子守唄やその他の作業唄がそこでさかんになるとか、デフォルメされるといったことはあまりなかった（博多子守唄のような例外はあったが）。

それにくらべ、直接労働してそのなかから問題をうたいこもうとする女工たちは、村でうたい、ききなれていた子守唄を借用した。生産性もあれば、子守娘のつらさやかなしさとそっくりの感情が生きていたから、それを借用しても無理がなかった。

・わたしゃ去《い》にますあの家さして
　いやな煙突あとにみて

は、「わたしゃ去にますあの山越えて、あとは野となれ山となれ」から変化したものであり、

・偉そにする主任じゃとても
　もとは桝目のくそ男工

は、「何じゃえらそに黒紋付で、子守あがりが守をよぶ」「守よ守よと言わんすけれど、そういうおまえも守のはて」からヒントを得たものであり、子守唄ではないが糸引唄の「糸は切れ役、おれぁつなぎ役、承知しながら腹が立つ」から、

・糸は切れ役　わしゃつなぎ役

そばの部長さん　にらみ役
ができあがっている。
しかし、
・メロ（女中）で泣こよか、紡績にはっちけ　（鹿児島）
・こんな泣く子の守するよりは
わたしゃ機屋《はたや》へ管捲きに　（愛知）
・こんな子守をさらりとやめて
当世はやりの機業場《はたきかい》

と願いながら、子守から脱け出そうとうたった娘たちにもたらされるのは、封建的家族主義による搾取ではなかったが、資本主義の眼に見えにくい偉大な拘束力であった。自由を求め、あたらしい活気にみちた職場にあこがれる娘たちは、女工たちが自分の境遇に立って子守唄の歌詞を借用したやるせない焦燥感などはじめから知っていようはずはなかった。

女工唄は、子守唄から発していると言うことができるが、それは女工たちが子守時代を回想したために出てきたものではなく、また子守がありったけの思いをこめて自由を求めて生きたその生活態度への共感でもなく、自由そのものへの渇望だったのである。

このように、無組織の、孤立無援の逆境からはじけ出た、愛と憎しみの唄が、組織的な労働者集団のなかへ引きいれられ、近代的企業とマッチする言葉に書き換えられたという〈遺産の継承〉の問題も大きいわけである。

つまり、民衆の知恵を普遍化していく作業を、子守たちの姉妹である女工たちがやったというところにいっそう価値があるというべきで、その心情の連帯性を通じて、われわれは、日本の出稼ぎへの道がいかに苦難にみちていい、いまもそうであることを示唆されるのである。

V　庶民の笑い

俚謡のなかの子守　文化年間に流行した「大津絵節」に

・これは世界の女の値段附
高いも安いも色の道
密夫は七両二分
花魁《おいらん》三歩で女郎衆は一歩に二朱
ごろ寝は四百
きり見世で鉄砲放すが百文で
もうちっと安いところが御用なら
おんばさんと子守は先から借りしだい

生娘と地色と手切金は相場きまりなし
夜たかの勤めは二十四文
まことに現金かけねなし

というのがある。江戸の廓に流行したもので、明治に入ってからも花柳界でうたわれたらしい。もとは大津絵に描かれた人物などを詠みこんだが、次第に好色唄としてうたわれるようになった。さらに、文明開化期には「しょんがえ節」がひろまっている。

・梅は咲いたか、桜はまだかいな
柳そよそよ風しだい
山吹ゃうわきで色ばっかり
しょんがいな
・姉は洋妾《ラシャメン》、妹は何じゃいな
親おや女衒で玉しだい
兄貴ゃぐずぐず酒ばっかり
しょんがいな
・おさん飯たきお昼はまだかいな
子守ぶらぶら遊びずき

おんばさんはうわきで色ばっかり
　しょんがいな

こういう唄になると、子守は侮蔑されているのが通例で、そこには都会の非生産的な雰囲気のもつ粋人的な感覚が幅をきかせる余地がたしかにあった。下剋上の風潮が町人文化の消費的側面を含んで行きわたると、権力者がそうであったのとはちがった意味で、農民蔑視が一般化する。右の二つの唄には歴然とその視角が生きている。

こう描かれたら子守はたまらないし、子守を排出した村や農民たちは嘲笑されっぱなしである。姉が洋妾となり、妹が女郎になるケースは農村における宿命的な性格としてわらえない現実であるにもかかわらず、町人たちはあまり利口でない子守娘をそういうふうにうたい田舎くさい女郎を買いに通ったのである。子守も女郎も、いわば同族であった。後に出てくる「からゆきさん」などは洋妾であり女郎であったから、それらが「島原の子守唄」と直結するのであるが、江戸の吉原などは農民の子女たちの苦痛と捨身のエネルギーで支えていたと言っても言いすぎではない。「年貢にせまって父《とと》さんは水牢、その苦を助けふばっかりに此の里へ、売られてきたのは十二の歳」という「白石噺」のくだりは、紋切型でリアリティの稀薄さは蔽うべくもないが、「この世に浮名更科や、姥捨て親捨て、身を捨てて、桜花かや散々、五歳では糸撚《よ》り初め、六歳や灘波にこの身沈めて、八歳で鴇婦《やりて》に附添ひ、九歳で恋の小使、十歳で十五の初姿」と近松門左衛門が『夕霧阿波鳴門』で書いているように、三両か五両の金で売られたが、歌、三味線、立居振舞いを習って一人前の女郎となっていくその背景には、日本の貧しい農村が横たわり、職種こそちがえその姉妹としての子守が存在しているのである。

「大津絵節」も「しょんがえ節」もその問題を無視し、権力者にとってかわろうとする町人の富に裏うちされた抵抗を示しながら、みずからが優位に立つことを主眼としすぎたために、農民をさらに劣位に立たせねばならなかった民衆の内部矛盾が、そこにむき出しにされていることを見のがしてはなるまい。町人文化のエネルギーの限界とその閉鎖性を考えると、この二つの唄はいみじくも、無名のみすぼらしい人間の差別意識をはっきりうち出してくれていることに気がつき、子守たちの置かれていた町人社会での立場がわかるのである。

だが、これらの唄には、笑いがないとは言えない。巷に笑いをまきちらす要素もそのなかに含まれてもいるが、そこには生産性というか、魂の声というか、要するにエロスが稀薄なのだ。

子守唄の笑い

「眠らせ唄」の三つの要素のところで触れるはずのところ、章をおこしたのでここで考えてみることにしよう。

・ねんねん猫の尻《けつ》　蟹が入りこんだ
一匹だと思ったら二匹入りこんだ

お母ちゃんがたまげてお茶こぼした
お父ちゃんがたまげて鎌なげた　（群馬）

・いいかないかな
いいかなら　たか菜
たか菜だら辛《かれ》かべ
辛れから南蛮だべ
なんばだら赤けかべね
あけからほずきだべね
ほずきだら鳴べね
鳴ったら屁《ふえ》だべね
屁だら臭かべね
臭えから糞だべね　（青森）

ばかげた唄である。そのばかげたところに生活感情と断ちがたい知恵とユーモアがこもっていて、笑えるのである。

・ええ子買うどて　父親金盗んで
横のたもとで　ごょ石拾ってな

砂でみがいてヤスリをかけてなあ
紙さくるんで横丁さなげてな
横屋女郎衆は金だと思うてな
行けば餅ついいて酒買って飲ませる
酒の肴になになによかろなあ
鮒の煮こもり卵のふわふわ
猫コにとられた青茶の葉 （秋田）

石を紙に包んで女郎を買う唄は、東北地方にいくつか類歌があって、女郎を買う経済的能力に乏しかったもののウイットをのぞかせている。

・うちの婆さん　九十九で
桑名の薬屋へ嫁入りしよとおっしゃる
嫁入りできまい　奥歯がぬけた
奥歯ぬけても前歯がござる
前歯二本で紅かねつけて
孫よとめるな縁じゃもの
縁じゃもの （岐阜）

「姥捨て」の思想とは完全に対立する、老婆の青春性がうたわれているが、それだけに余計に残虐な笑いをただよわせる。

・こちのとなりの伊三郎さんは
馬に乗ろうとて鞍から落ちて
竹のちょんがり棒でてのひらついて
医者にかかろか眼医者にかかろ
眼医者どこいたさつまの山へ
さつま山から谷そこみれば
小さい子供がご石をひろうて
紙につつんでこよりと〆めて
しめたところへいろはと書いて
いろは友だちみな伊勢詣り
伊勢のようだの松の木の下で
十になる子が児《やや》産みかけて
産みもようせずおろしもせず
向う通らせる前髪さまに

薬もてかとたずねてみたら
医者の子じゃなし薬箱もたん
山で山吹、川原でよもぎ
それをせんじて飲みゃしゃんせ　（京都）

内容が盛りだくさんで、全体のテーマがしっかりしていないし、筋の運び方もひどく勝手であるが、その無責任なひろがりが意外な場面を導き出し、笑わせるのだろう。堕胎の方法を教える唄かも知れない。はじめからそういう効用をあてこんだものかどうかは不明であるが。

・あわれなるかな　ぼた餅は
搗かれてもまれて　たたかれて
せつない茶椀に山もられ
のどの細道通りすぎ
おなかで一夜の宿をかり
明日はくさい甕の中　（大分）

これは胃袋の大きい農民でなくてはうたえぬ唄である。その下卑た発想に、糞尿を肥料として重用するものの意思がこもっているのがおもしろい。臭気をもいとわぬ生産者の図太い神経が感じられて、それがいっそうおかしさを増すようである。

これらの笑いは、「眠らせ唄」の世界をはみ出している。手毬をつきながらうたったかも知れないし、子守たちが遊びの輪のなかに入ってうたったかも知れない。それを子供の時分からきいておぼえていて、母親が「眠らせ唄」として口ずさまなかったとは言えない。大ざっぱにいってこれらの庶民の笑いは、食物にかかわるおかしさや、エロスに根ざすものや、被害と加害との意識の交錯がひきおこすものなど、さまざまの原因をふくんでいる。あるいは、ときとして不条理のもどかしさを冷笑に転化させたと思われる歯がゆさもないではないが、しかし、どれをみても解放的な明るさをもっている。その明るさはいわゆる建設的なものとは言い難い。たとえば、ひろく各地にある女郎買いの唄を例にとってもいい。

美しく着飾った女郎を、その出身から見ていくということをせず、磨きのかかった女と見たて好奇の眼をそこに向けたのは当然だった。しかも、それを買う能力などあろうはずもないのに、それが可能であるかのようにうたう。不可能を可能の世界におしあげた、そのイメージが、ある限界点で崩れ去っている。すなわち、失敗談といったものに帰着し、それがきくものに笑いを誘うという仕掛けになっているといえよう。無名の作者たちは、可能と不可能とをきっぱりと見定めることでみずからの道を知り、その分際を知ったのである。われわれは、子守唄のなかにうずまくこうした庶民の笑いのなかに、かれらの節度を見ることができると同時に、皮肉や諷刺が権力への〈不服従の原則〉を貫きその抵抗を内的に組織し得ないまま、猥雑な地口に堕してしまったその限界をも、そこでたしかめる必要がありはしないか。

「笑いには罪がない」とよく言われる。笑いは明るく健康だからだという理由からだが、その部分だけでは一面的すぎよう。子守唄としてうたわれる場合には、年令からの自己制約もあって、母親たちの猥雑な世界そのものとは直結しない、一定の距離が置かれている。笑いは誰がうたうときにもおこるものであるが、娘がうたうときと母親がうたうときとではその唄の内的効用は異ってくる。経験の量にも関係するだろうし、笑いの必要度の強弱にもかかわるはずである。しかし、これらの唄をきいていると、やはりおかしいし、その明るい雰囲気に女の生活側面を見ることは容易にできる。

だが、女の笑いは、現象そのままに受けとれるものではない。たしかに、その健康さは否定できないが、猥雑な地口に堕ちていかざるを得ない、社会的に望みなきものの心情の裏返しと見る必要がたしかにある。物質欲や官能からかたときも身をはなすことのできない女の宿命が、ことごとに不可能だけを未来に約束されたものだとしたら、泣くか笑うかの、極限に自分を弦のように張る以外なさそうである。鬼になるかエビスになるか、そのどちらかの道を選ばねば、生きていけぬという事情が、これらの子守唄の笑いに秘められており、「女の深淵から」の章におけるアナーキーな訴えのなかにかくされているのであって、その両極の現象はせんじつめるとやはり一つの内的世界に帰着するはずだ。

さらに視野をひろめてみると、子守唄の笑いのもつ一種の淡さと、いわゆる民謡における土着性の強い男を主体としてつくり出された笑いのたくましさとのちがいが当然問題にされていいだろう。それは、民謡との交錯をくり返しながら、なおかつ子守唄の本質と民謡のそれとのちがいが歴然としているという一般的な機能の差異とも関連する事柄であるが、笑いの問題にかぎってみても、社会における男と女の立場の相違がはっきりしてくるような気がする。

作業唄には、笑いがセクシーな暗示性となって生かされ、それがいっそう生産的な意味を補強する上で役立っていることは周知のとおりであるが、その場合はたいてい男が主体となっており、しかも、そこには困難を克服しながら目的をやりとげずにはおかない一途さがあって、受身である女の対応のし方がそれにかみあうように積極的にうち出されてくるだけに、相聞の行為（あいびき、野合、夜ばい）はエネルギッシュでほほえましい。

子守唄の笑いにはそれがない。行為の積極性が乏しいというにとどまらず、作業唄で男がその強力な意志で望みを結実させようとするのにくらべ、子守唄はつねに被害者の座標に立たされるのである。作業唄をつくり出した男の奢りに、しっぺ返しをしないではおれない気持があるはずなのに、唄になるとその笑いも、明るいが、淡白になってくる。エネルギーの不足などと言ってしまうのは見当ちがいであろう。うたう主体や生活態度の男女間の本質的なちがいが宿命的に女の心情をいびつにしてしまったというべきか。

こうした比較の方法論を経て、あらためて子守唄の笑いの部分に眼を注ぐと、ばかばかしいおかしみの底に、かなしみの水脈が通っていることに読者は思い当るだろう。だからといって、それで女が不健康だなどという理由には少しもならないのである。鬼になろうがエビスになろうが、生命の充満した瞬間は人間が健康に見舞われたときであり、子守唄は、多くの場合、その健康の所産として偽わりなく生活を全的に反映していたのだ。

エロスの渦　わたしの郷里の久留米絣の織工たちがうたった唄に次のようなものがある。

・ちゃんぎり　ちゃんぎり
あたしゃ久留米の機織り娘じゃけんの
はたを一こん織らしてくれんの
ちゃんぎり　ちゃんぎり
機を織りよったらくさいの
村のわかい青年が
おちょんこみせろみせろ言うもんの
ちゃんぎり　ちゃんぎり
おちょんこみせてりゃくさいの

機織るまがおくれるくさいの
あのくさいの
村のわかいもんがくさいの
おちょんこさすれさすれ言うもんの
きのう買うたフランネルが汚れるくさいもんの

「あのくさいの」という言葉が示すように、「あのね」「それがね」で、きき手を誘惑し、話の核心を少しずつのぞかせる手法をとっている。それ自体がエロチックな誘導のし方である。これはもちろん子守唄ではないが、親もとからはなれて働らく娘たちの性愛の心情がここにはある。近くの青年たちが、親の監視下にいない娘たちをものにしようと懸命な努力をしたであろうことは想像できる。組織をもたないこれらの孤独な労働者たちにとって、自分と対等につきあい、相談にのってくれる人間の存在は大きかった。ことに家内手工業という前近代的な生産機構と、家族的雰囲気に慣らすというふれこみで実質的にはひどい搾取をあえてした、重苦しさのなかにあって、そういう相手をもつことはみずからが解放されるというだけでなく、それを拠りどころにして生の手がかりをつかむことでもあった。

「機織り唄」の主人公は、ここでは、男と交渉をもてば仕事がはかどらないから困るとうたっている。男を拒否するようなポーズを見せているが、実はそれが別の意味をもったポーズであって、言葉が自己を偽わっているのである。使用人の眼を耳をごまかす必要があったのだから、適当にごまかしてそううたうとき、内心では男への恋情をもやしていたにちがいない。このことは、地主や商家の女中・子守娘たちにもそのままあてはまるし、親もとをはなれ「オヤ」の眼をぬすんであいびきをし、自己解放をもとめた、治外法権の世界に生きる女たちのエロスの渦の熱度を証明するものである。そういう状況のもとで、村を出てきた娘たちの連帯性も固められていった。組織体にはならなかったが、おたがいが人間として、欲望のまま下降していくはげしい愛の表現を認めあい、ゆるしあうことで〈心情の連帯性〉は強められたと見ることはできる。

・おろろん　おろろんばい
早《はよ》うせんかい　早せんかい
おちょうちんが来よるばい
もう少し上ん方　もう少し下ん方
ああそこそこ　（大分）

これは日田、玖珠地方の子守唄である。別に註解の要はあるまい。ただ、この唄には、こっそり家をぬけ出してきた子守の、時間を気にしている気の毒な立場がよく出ていることを読みおとしてはならない。「機織り唄」とこの子守唄とは、うたわれた場所が筑後川の上流と中流という距離的にへだたっているし、具体的にそれらが作用しあい影響しあったというふうにはとれない。むしろこの二つは無関係に発生しひろがったものであるが、それにもかかわらず、そこに共通の根をわれわれは発掘できる。言うまでもなく屈従の重荷をはねのけようとする生命のときめきそのものなのだが、哀歓こもごも澱《よど》みながら揺れ動いていた女のエロスの深奥を、男は健康さに賭けたみずからの奢りのゆえに、たしかにのぞくことができなかったのではあるまいか。それは男が無知であったためでも、思いやりが欠けていたからでもなく、男の性欲に根ざす実利性と合理性のためであったろう。だが、女の性の開花は反倫理的であればあるほど、内に深く色どりをみせることになる。そこにも女の健康さがまぎれもなくあった。

次に、短かい唄をひろってみよう。

・まめできたかよ　小豆できたか
　わたしゃ豌豆でこけてきた（三重）

・来いといわれてその行く夜は
　足の軽さよ　うれしさよ（兵庫）

・男もつならとなりでもちゃれ
　雨の降る日は軒づたい（奈良）

・恋し恋しとなく蟬よりも
　なかぬ螢は身をもやす（和歌山）

・お子を大事と辻には立たぬ
好いた殿さのかどに立つ　（愛知）
・子守走るな下駄の歯がかける
かけりゃ若衆に買ってもらう　（静岡）
・守と呼ばるな「守さ」とよばれ
守は若衆の花嫁御　（同）

などは、主として子守の側からうたわれはじめた、女の立場を中心にすえた唄である。だから、たとえば「盆の十五日に娘借せ親父、借せてかさなけりゃ壁破る」（岩手）のような男の側から激情を投げかける唄とはちがう柔軟さを、全般にもっている。笑いの淡さについて、前に述べたこととあわせ考えてもらえば了解できることであるが、これらの子守唄の内面に満ちたエロスは、気まぐれで冷めやすい男のそれとは異なって、抒情的で粘りさえ底に感じさせるものがある。

また、

・文はやりたし書く手はもたぬ
やるぞ白紙、文と読め　（三重）
・書いた文さえ読めないわしが
何の白紙読めましょうぞ　（同）

のような、無学文盲のかなしみの唄などもあり、愛情を文字化できないものの嘆きの深さを示して、文化の機能の及ばぬところでの残酷さがそこに暗示的に出ているのである。こうした無名者の内発性を、子守唄は他の民謡の露出症的な出され方とはちがいながら、隠然とかかえこんでいたのである。それらがとかく今日までの民謡研究家たちのあいだで見落されてきたことにわたしは不満をもっていたから、ここで矛盾を背負った生地のままの人間像を補強したかったし、そこに庶民の健康な笑いを再発見したかったのだ。

VI　諷刺という武器

諷刺とは言葉をもって敵を料理しつくすことである。それはただの強がりではない。相手の弱点を完膚なきまでにえぐりとらないかぎり、笑いを抽き出すこともできないわけだが、多数の笑いをともなった子守唄のなかで、「博多子守唄」だけは諷刺の唄と呼ぶに値するものとして注目していいと思う。

博多子守唄

・うちの御寮《ごりょん》さんな、がらがら柿よ
　見かきゃよけれど渋ござる（ヨーイヨイ）
・うちの御寮さんの、行儀の悪さ
　お櫃《ひっ》踏まえて棚さがし
・御寮よくきけ、旦那もきけよ

守を悪すりゃ子にあたる
・うちのおとっつあんな、位がござる
何のくらいか、酒くらい
・うちの御寮さんな、手ききでござる
夜着《よぎ》も布団も、丸洗い
・わしがうとうたら、大工さんが笑うた
歌にカンナがかけらりょか

いまは芸妓たちのうたう三絃歌謡として知られ「博多節」（正調の方が花柳界にもてはやされた）とともに、「黒田節」の男性的な気迫と対蹠的な女性的な粋な雰囲気をもつ唄ということでひろく知られているが、もとは福岡市の西方糸島郡（佐賀県唐津と隣接する）あたりに発祥したともいわれる。

博多は福岡市の別名と思っている人が多いが、そうではなく、慶長六年（一六〇一）黒田如水がこの地に封ぜられたとき、市の中間を流れる那珂川の西に城を築き「福岡」と呼び、川の東を「博多」と呼んで区別したことにはじまる。黒田五十二万石の城下町における二つの地域は、人情風俗もすっかり異なり、言葉づかいまで変わって、豪商神屋宗湛を産んだ博多の方はどことなく下町気質をもっていた。「どんたく」や「祇園山笠」で心浮かれ「お月さまさえ夜を更かす」といった唄に托してさわぐのも博多である。こうした庶民のユーモアとペーソスが「博多仁輪加《にわか》」となって爆発することも、福岡のもつ政治的権威へのレジスタンスとみてさしつかえない。「博多仁輪加」は落語と漫才とを立体化したような寸劇だが、お面をかぶった道化た所作にこもる一種のペーソスは、「博多子守唄」の一見さらりとした皮肉の底に漂う娘心と類似しているといえないだろうか。そういう底流をはらんでいるからこそ、「どんたく」の猥雑な世界に通路をあけることができるのである。

・ぼんち可愛いや寝んねしな
品川女郎衆は十匁
十匁の鉄砲玉
玉屋が川へスッポンポン
・一度は気やすめ二度は嘘
三度のよもやにひかされて
浮気男の常として
女房にするとは洒落かいな
・モーシモーシ車屋さん
これから柳町ァなんぼです

大勉強で十五銭
十銭に負けとけアカチョコベ

「どんたく」はオランダ語の「休日」の意味で、古く室町時代頃の「松囃子」の習俗を伝えるものというが、貧富貴賤を超えて仮装し、手踊りや曳台を仕立てて市中をねり歩くきらびやかさは、京都や飛驒高山などの祭りにありがちな貴族的格式というものが微塵もないひどく庶民的なエネルギーに満ちたものである。リズミカルではないが、阿波踊りに似ているとも言われる。

ここでおもしろいことがいくつか出てくる。たとえば、第一節の「ぼんち」が「坊っちゃん」の意味で、元来これは子守唄の性格をもつものだという点である。幕末のわらべ唄（尻取り唄）だったといわれ、栃木県芳賀郡地方の子守唄に「坊やはよい子だ寝んねしな、品川女郎衆は十匁目、十匁目の鉄砲玉一つ玉、玉屋の煙草はどんちゃんどん、土堤を行き過ぎや柳島、縞の財布に五十両、十郎五郎は曽我兄弟、鏡台針箱煙草盆、坊っちゃんよい子だねんねしな」というのがあり、関東方面から博多へひろめられたものと推察できる。だが、第二節、第三節は、その移入された唄の内容をもとに博多で創り出されたものらしく、柳町が博多花柳界を示すものであることから、「尻取り唄」とは性質の異ったものになって定着したことを証明していることも興味がある。「アカチョコベ」（アカンベイ）と投げ出すようにしめくくる唄にこめられた庶民の心情は、四月三十日、五月一日の陽気さも手伝っていかにもたくましい生活力を秘めているではないか。

こうした博多の下町的気質を考えると、「博多子守唄」に織りこまれた「御寮さん」（奥さん）への批判もうなずけるというものである。御寮さんは、子守娘にとっては仮りの「オヤ」だが、それをうまうまと手玉にとり、「がらがら柿」（小粒の柿）が渋いというから、ものわかりがわるくケチで、融通のきかぬ人間に仕立ててしまって、博多小商人の典型をそこに暗示している。また「手きき」（器用）だと言いながら「まったく不器用なもんで話にもならない」という批評をくだしているあたり、感傷におちこみやすい子守唄のなかでは出色の諷刺として見直していいと思う。

こういう皮肉のとばし方をみると、不幸でウイットに富んだ娘がいたというだけでなく、仲間うちでこの気持が全面的に理解されるという空気と背景とが十分あったことを如実にものがたっているわけで、娘たちの生きた場というのがわかる思いがする。

オヤとコ

生みの親子という血統上の関係のほかに、別の親子が存在していたことをここで少し問題にしてみよう。

「コ」は働らく力をもった個人という意味で、いわゆる労働力の単位として用いられていたようである。たとえば、山野で働らくセコ、アラシコ、田で働らくタゴ、ナゴ、町で働らくタナコなどの「コ」とみていいし、「オヤ」の方は、名付親、仲人親、取りあげ親、子守親などの「オヤ」であるが、語源をたどると、その関係が生みの親子の関係のように親密であることから出たものにちがいないけれども、実はさらに労働力を供与することと精神的な従属が義務づけられている内的な掟、つまり不文律を背景としているように思われる。

出稼ぎが一般化するにつれて、親子による家族労働の組織が崩れていくが、その崩壊の過程であらたな「オヤ」と「コ」が、家の力を補強しようとする大きな役割をはたしたものであって、いまの「親方」「旦那」などという呼び方も、そうした庶民のなかの小支配者のなごりである。

だから、子守は「コ」であり、雇主は「オヤ」であった。そういう人間関係にあっては、話しあいや相談というものはなく、命令形の表現だけが「オヤ」の口から「コ」へ伝えられるのである。生みの親から、「ご主人や奥さんをほんとの親と思ってよく仕えてくれ」と言われ、娘も「辛抱しよう」とこころに誓うものの、朝から晩まで叱られ、小言をならべられると、生みの親への思慕がつのってくるわけで、二つの異った親子のもつ矛盾に彼女たちはすぐに気づいてしまうのである。

子守唄の皮肉は、つねにその矛盾を踏まえていた。

・守が憎いとて破れ傘くれて
　可愛い嬢《いと》さん雨ざらし　（和歌山）

・守だ守だと、こうこに茶漬
　たまにゃ魚もよう、毒じゃない　（静岡）

・人になさけと冬田の水は

かけておきましょ、末のため（同）

・この子よう泣く、えっぽどよ泣く
親が泣きなきでけた子か（三重）

・義理という字をご存じなれば
よもや見すてはなさるまい（同）

・可愛い可愛いと甘茶で育て
可愛い甘茶が毒となる（兵庫）

・えらそにするなよ長者の娘
長者三代つづきゃせぬ（大阪）

娘たちは、ときには雇主をからかい、ときには憎しみをたたきつけている。素朴ではあるが、ここには痛めつけられてきたものたちがつかみ得る知恵の花があり、無名であるがゆえにみんなのものになり得るかけがえのない批評がこめられるのだ。

「主人よくきけ、よくきけ主人、子守いじめりゃ子にたたる」（埼玉）といった単純で図式的な世界を、何としてでも攻撃的なものに転化させようとしたその努力のあとが、「博多子守唄」をはじめとする、これら一連の唄であるが、諷刺とは一体何かを理屈としてではなく生活の知恵としてつかもうとするところに、これらの唄の重みがある。

「魚を食わせろ」と言わずに「たまにゃ魚もよう、毒じゃない」と婉曲に表現する方法、「人になさけと冬田の水は」や「がらがら柿よ」などの比喩的表現にまで、ようやく高められたとはいえ、まだ「オヤ」を批判した唄には諷刺になりきれず、逆にみずからの悲哀を濃くしていくだけの唄に終っているものが圧倒的に多い。ここにまた「コ」の、そして女の感性の一つの特長を見ることもできるのだが、「女郎買うような浮気の金が、あればおくれよ質うける」(三重)のようなところへ湿っぽく萎んでいく精神の傾斜は、それだけに痛ましい(例外として「子守の位置」の伊豆利島の場合を参照されたい)。

いままで、主として「オヤ」と「コ」の関係に立って、諷刺の唄をみてきたが、こんどは横の関係に立って「言葉の闘争」とも言うべき問答形式の唄について考えてみよう。

宇目の唄げんか

子守娘は「問答体の名人」(柳田国男・採集の栞)である。別段肚に一もつあってのことではなく、おたがいに揚げ足をとったり、冷やかしたり、嫌味とか皮肉をとばしたりして、相手が不意をつかれてたじろぐのを見てよろこぶという一種の「言葉の闘争」が村々で流行した。そういう対話を通じて勝ち負けをきめる遊びが完全な形でいまものこっているのが「宇目の唄げんか」である。子守りをしながら、同じ年頃の男女がはげしくやりとりする表情を想像してみるがよい。

A

あン子面《つら》見よ　目は猿まなこ（ヨイヨイ）
口はワニロ、エンマ顔
（アヨーイヨーイヨー……以下略）

A′

おまえ面見よ　ボタ餅顔で
黄粉つけたらなおよかろ

B

いらん世話やく　他人の外道《げどう》
やいちよければ親がやく

B′

いらん世話でん　時々やかにゃ
親のやかれん世話がある

C

わしがこうしち旅から来ちょりゃ
旅のものじゃと憎まるる

C′

憎みゃしません大事にします
伽じゃ伽じゃと遊びます

D

旅のものじゃ　と可愛がっちおくれ
可愛がらるりゃ親とみる

D′

可愛いがられち　また憎まるりゃ

E
可愛がられた甲斐がない
ねんねねんねとねる子は可愛い

E′
起きて泣く子は面憎い
面が憎けりゃ田圃に蹴《け》こめ

F
あがるそばからまた蹴こめ
おまえさんのよに憎まれ口は

F′
はだけられてもしよがない
はだけられてん世間は広い

G
広い世間に出ちあそぶ
山が高うち在所が見えぬ

G′
在所かわいや　山憎くや
ままになるなら在所を山に

H
山を在所にしてみたい
人の子じゃとてわがまま気まま

H′
いつかおまえの恥がでる
言わば言わせぬ　岩ばなつつじ

わたしゃ陰から　菊の花

I　親がやるとて　行かれぬ先は

奥江　中岳　神の内

I′　嫁にやるなら田原にゃやるな

朝日照りつけ　陽にやける

この唄は近世末期あたりからうたわれたものであろうという程度しかあきらかでないが、ただのモノローグ的なものでないだけに、いまも親しみをもってうたわれているという特長がたしかにある。この「呼応歌唱」は万葉集の相聞歌に通ずる（高橋掬太郎説）というのと、上代からこの地方に伝わる「歌垣」の風に通ずる（高木市之助説）という両説があるが、それらは結果論であって、やはり「問答の必要」からおこったとみる方がより生活的であろう。

昔は「宇目に嫁に行くのはむげねえ」といったそうだが、その「むげねえ」（かわいそうだ）の一語にこもる土地柄の貧しさを思うと、これらの唄のもつ諧謔の底に流れるかなしみがかえって強く迫ってくる。

宇目町は大分県の南端にあって宮崎県に隣接する僻村である。昔から、北川の上流に沿った渓谷の村里を「宇目郷」と呼んでいた。梅の多いところだというので熊襲《くまそ》征伐にきた景行天皇が「梅の里」と名づけたという伝説があり、万葉仮名で「宇目」と書いたともいうが、とにかく熊やカモシカ、イノシシの棲む原生林で知られた傾山《かたむき》（一六〇五メートル）の東南麓に位するだけに、木材、木炭、椎茸、茶といった山村特有の産物以外は大してみるべきものがない。

この唄げんかには、宇目に生れ、そこで子守となったものと、他の地方からここへ子守りをしにきたものとの、立場をある程度異にしたものがあり、それが二つの軸となっている。「唄で争い」「唄を争う」このけんかは、子守のつらさ、家族へのうっぷんばらしが諷刺となって展開されるが旅からきたものと、それを受けとめる村の子守娘とのあいだには、敵意はもはや存在しない。おたがいの心情はその原点において共感の渦となって湧きたつのである。籠の鳥に似たこれらの娘たちは、唄のかけ合いを通じて自分の生活の場を見つめようとし、周囲の力を何とかして排除しようとつとめたはずである。橋のたもとや寺や神社の境内で、相手に負けぬようにはなばなしく応酬することでつかんだ代償は、やはり無名者の孤独であったろう。

「宇目の唄げんか」の問答をとらえると、ただ「問答の名人」（柳田説）だったというだけでなく、その根拠が読みとれるのである。われわれが今日必要とするのは、その部分なのだ。

Ⅶ　ふるさとへの慕情

一人の四十男が、母にきいた子守唄をきこうとして定期船にのって塩飽の海をわたる……という序章からドラマ『塩飽の子守唄』（NHK・芸能お国めぐり・一九六二・一一・一七　放送）が展開する。島につくと老婆があらわれ「この島であの子守唄をおぼえとると言や、もう私のような年よりだけでござりましょう。いいえ、この私だけは、どうやっても、あの唄を忘れるわけにはいかんのでござります」と話しながら、貞と呼ばれた少女時代を回想するのである。

母「貞よ、お前ほんまによう辛抱するか？　お前は今日からあの町（多度津）の御本家へ奉公したんじゃけん、なんぼつろうても、もう島へもどることはできんのじゃ」

貞「うん、辛抱する」

塩飽《しあく》の子守唄

母「まだ十一やそこらのお前に、おっ母さんはこなな苦労はさせとうない。お父っつあんさえ生きとってくれたら、こなに小さいお前を奉公に出すようなことはしとうなかった……身体に気イつけてな、正月には必ず顔見にきてやるけん、それまで淋しかろうが、じっと辛抱してな」

貞「ほんまに正月にきてくれるん？」

母「ああ、お前の好きな粟餅もってきてやるで」

塩飽諸島は大小二十八の島（本島、広島、手島、牛島、与島、高見島など）からなり、岡山県と香川県とが向きあい、そこにはさまれた瀬戸内の島々だが、むかし中国やルソン島方面へ八幡大菩薩の旗印をなびかせて渡った倭寇《わこう》・塩飽水軍の根拠地としても知られている。これらの島々は火山島であり平地らしいものが少しもない上、良港もなかったから、島民は出稼ぎにいく以外なく、島は荒寥としていた。風光明眉という利点も島民にとっては飯の足しにはならないのである。今日もそういう地理的・経済的な状態は依然として変わらず、子女の多くは岡山や関西方面へ流れていくのだが……。

そうして、老婆は

・寝んねしなされ　寝る子は可愛い
　起きて泣く子は　面憎い
・あの子悪いやつ　わしを見て笑う

わしも見てやろ　笑うてやろ
・この子よう泣く　いったいよう泣く
守が泣かしたと思われる

とうたいながら、十二才の正月の一場面を想い出す。

下男「いや、わしはちょっと聞いただけなんじゃが、なんせお前の母親は島の男といっしょになって大阪へ行くとか、もう行ってしもうたとかいう話じゃったわい」
貞「ええッ」
女中「貞はん、気イ落しなや。あんたとこのおっ母さんもまだ三十過ぎたばっかりや。今から一花咲かそうと思うのもムリはないわいな」

その衝撃の強さで「ただもう頭ン中がグラグラして、深い穴の中へ突き落されたような気がして」多度津の港へきて防波堤の雪の上に立っていたという。

「もう日が暮れかかったのか、顔へ当る雪が一層冷うなって、涙でぬれた頬べたがヒリヒリいたしました。一目おっ母さんに逢いたい、逢うてこの恨みを言うてやりたい、詰めてやりたい、涙があとからあとからこぼれてとまらなんだのでござります」

そこで、金比羅宮象頭山の天狗太郎によって塩飽の島へ空駈けり、実情をたしかめるというメタフィジカルな設定がなされている。

わたしが、このラジオドラマをくどくどしく引用したのは、ここにもられているテーマがひどく普遍的なものだからである。子守唄そのものは、「中国地方の子守唄」とも類似したごくありふれたものであるにもかかわらず、話の組みたてや主人公の貞の心情の質が、どこへもっていってもあてはまるようなものだったからである。もちろん、そこには類型的な弱点もあり、裏返せば通俗的な人情話になってしまうという性質がたしかにあるが、そうだからといってこの主人公の位置を嘲笑することができるだろうか。

そして、わたしは、島へ空想的な旅をした雪のなかの娘の欲求について考え、問題をそこにしぼっていきたい。

愛と憎しみ

人間にとって〈ふるさと〉とは何だろうか。流浪者にとって、そしてまた女にとって。

「塩飽の子守唄」のドラマの主人公にとっては、ふるさとは具体的な母のイメージ以外ではなく、そのイメージを中心におくことによって、ふるさとが抽象的なものでなく具象化されていくようになっている。

この単純な思考はどこまでも子守娘のものである。誰しもがふるさとをもち、それと対面しているのだ、だから自分と同じ気持になれるし、そうさせる力をもつものがふるさとというものだ、というふうに普遍化し論理化する能力に乏しかったから、あくまでも具体的な母のイメージを中心に慕情をかきたてていた。そのイメージを完全に私物化することが愛にみずからを賭けることであった。貞という娘がそうであったと同じように、多くの子守娘たちは母を思考の原点に据えて対話をもったのである。

人間の多くは父親以上に母親の感化を受け、それに報いるかのように、母からの恩寵を語りたがる。母の胎内からこの地上に生れ出たという宿命論としてその関係をとらえることは容易であるが、それだけでいいだろうか。ここで、「ふるさとに墓標をもつことのできない」女というものを設定してみる必要を感ずる。

女は本来土着的でなく、流浪者として運命づけられている。男が多くの場合、ふるさとに骨を埋めるのにくらべ、女はその伴侶とともに自分の生誕の地とはゆかりもないところに埋まることが多いのである。だから、女はふるさとそのものから永遠に疎外され、見はなされているのだとも言える。そういう精神の流浪者の位置に立たされていればいるほど、女は核にも似た不変の世界にあこがれを抱き、そこに密着しようと希《ねが》うかのようである。

ふるさととはそれほどありがたいものではない、という立場の読者には、理解してもらえないかも知れないが、わたしはそういう女の謎を問題にしていきたい。女にとって、ふるさととは「精神の無形の岩礁」と呼ぶにふさわしいものであって、その深奥の一点をさぐりあてることなくして、女の生産力の方向を見出すことはできないのではあるまいか。

嫁にいった女が里親を慕うのは、ふるさとという安住できる地点を求める心情のあらわれであり、それはとりも直さず子守娘がふるさとをなつかしむ気持と通じあうものだ。それが、自分の生れ出た〈城〉への愛という常識をもう一皮はいだところでの、ふるさとから永遠に疎外されている女同士の共鳴として理解されると、問題がより正確に解けてくるのではないかと思う。

しかし、ふるさとを問題にし、母を対象として語られる場合、安易にそれを感傷としてかたづけてしまう態度が一般にあることも事実で、そこから若い世代の「ふるさと無用論」のようなものへ問題がひろげられていくのであるが、望郷の念と感傷とが必ずしも同意語ではないこともはっきりさせておきたい気がする。

たとえば、啄木や白秋や朔太郎や犀星らがたくさんの望郷の詩歌を書いている。藤村が『夜明け前』を、長塚節が『土』を、太宰治が『津軽』を、中野重治が『梨の花』を、そして外村繁が『草筏』を書いているが、そういう文学者の内部に去来するふるさととそのふるさとへの接近の度合など、読者がいま直接には何の関わりもない立場でそれを客観視できるのにくらべ、子守娘たちは文学者の志向とも無縁であり、そういうものがあることも知らず、ましてそれらから影響を受けることなど少しもなかった。一般のいまの読者の思考の領域が、文学者の望郷の念と、それによって描写された世界とをとらえて判断をくだし得るようには、子守娘たちは他をかえりみる余裕など微塵もなかったのである。

だから、娘たちによって確立されるふるさとは、いわば主情的な〈王国〉であり、その中心に自分を産んでくれた〈城〉がそびえ立つという仕掛けになっていたのだった。村が全体的に、どう変化し、衰弱していったとしても、そんなものにかまっていられない。ただ最大に美化した〈王国〉のなかの、さらに美化した〈城〉に、恋々と呼びかければそれで生きた心地がしたのであろう。

ときとして、ふとそんな思いにとりつかれることが、われわれにはないだろうか。甘くて、思想性の一かけらもないが、しかもみずからそれを否定してかかるべきだと思いながらも、やはりそんな慕情にかられることは往々にしてあるような気がする。

ここまでわたしが書き進めてきたことは、まともな一面にすぎないようだ。なぜなら、ふるさとへの愛が一方交通に終ってしまうとすれば、そこで何かが取り除かれてしまうからである。

〈王国〉としてのイメージを一度破壊しなければならない。ふるさとをより客観的に、社会性をもたせて、それとちがった、いわば〈共和国〉のイメージに変質させる必要があろう。つまり、Aだけが中心に住むイメージでなく、AがB、C、D、Eと共存するふるさとのイメージのなかでしか、真のAの存在が価値づけられないという論理こそ、今日われわれに通用するふるさとの論理でなくてはならない。A、B、C、D、Eと、それぞれが、われわれであり、われわれの現在であると同時にわれわれの過去の、生誕の意味とその表象のすべてであるというべきだ。

女にかぎらず、われわれの多くが、ふるさとからはみ出している。好むと好まざるとにかかわらず、ふるさとは人間を外に押し出す。それはまったく非人情な、メカニックな力でそうするのだから、そこを逃れ、そこから追われたものにとっては、ふるさとは十分に憎しみの対象となり得る。だが、憎しみをもたざるを得ないように裏切られた人間は、憎しみの対象となった裏切ったふるさとのどこかに一滴の愛を注ぐことはできないのか、という設問が成り立つはずである。

・守奉公に出すよな親は
　親だないぞえ、子のかたき　（愛知）
・子守さすよな邪険な親が
　なぜに乞食をさせなんだ　（三重）

という親への反逆と怨懣の唄と、

・こんなところをさらりとやめて
　娘きたかと言われたい　（山形）
・食うても食わんでも片褄《かたづま》きても
　親とおりたやわが親と　（三重）

のような、一途な親への慕情とは、子守唄の場合決して別の根をもっていないということだ。こうした深層の、愛と憎しみの等価性を、われわれは右にあげたような状況のもとで、認めることができる。単純で、主情的な子守唄の世界も、こういう角度から見ていくと意外に近しいものに思われてきはしないか。

もちろん、今日では、自分がたとえふるさとからはみ出しても、それを「親だないぞえ」などと個人の責任に転化させるようなことはないだろう。「貧乏は個人の責任ではない」という観念が一般に通用するのと同じように、ふるさとの人間疎外を、社会的、経済的諸条件から類推していくのが思考の常識となっているから、子守唄のような表現の具体性はないのである。が、子守娘たちには、そういう社会性を原因のなかにつかむだけの理性に欠けていたからそういう結果を生じたのであって、もしも、今日的な思考をもち得たとしたら当然、われわれがいまふるさとに対して抱くと同じような観念を持ち出したにちがいないと想定することはできる。

さて、少しまわりくどく論理をひろげてきたが、ここで子守娘たちのふるさとへの思慕を唄によって具体的にみていきたい。

たとえば、こんなのがある。

・わしの父っあま夜船の船頭
落ちて流れて死なんすな
落ちて流れて死ぬやら知れん
家を出たときいとまごい（愛知）

・家へ行きたい　家みてきたい
　家の母さま顔みたい
　家の母さま顔みたないが
　つらいつとめが話したい　(同)
・うちの母さん起きてかねてか
　思い出してか　おれのこと　(兵庫)
・うちのととさん山へいっておそい
　ししにかまれたか　道よりか
　早うもどったら酒買うてのまそ
　酒はなに酒、たまご酒　(徳島)
・東京　大阪の広いところよりも
　藁で垣したうちがよい　(和歌山)
・奉公しとりゃこそ姉《あんね》どんといわれ
　うちに帰れば花むすめ　(佐賀)

「娘きたかと言われたい」とうたい、「うちに帰れば花むすめ」ともうたっている。この願いとこの架空の自分の像とは、断ちがたい関係にある。事実、花むすめなどであろうはずがないが、そういう強がりを見せずにおれない精神の自己運動は、究極のところなに一つ結実することがない。そのことも娘たちは十分承知のはずである。しかし、それでも事実と相反する世界に歩み寄ろうとするのは、内へ内へとのめりこんでいくとき、それをわずかでも喰いとめようとする歯止めが必要だったからである。

かりに、家にもどったらどういうことになるか、それも知っている。親は「この親不孝者め！」と叱りつけるだろうし、「世間の笑いぐさになる」と母親にたしなめられるにきまっている。この壁は、娘が親やふるさとに裏切られるかなしみのうえにそそりたつものだ。それは自分の欲望を充足してくれない不満からでなく、本意とはちがう別の何ものかに規制されながらわが子を拒絶する偽悪的な表現の頑なさによって、娘はその善意を裏切られるということになる。この壁を突きぬけたらすばらしいだろうと、枕を濡らす娘の村への恋情は、だからいっそう苛烈とならざるを得ない。

親の死に目に遭わぬ、というのは不孝の一つに数えられていたから、「家を出たときいとまごい」とうたいながら船頭の父の災難を想像している気持は、当然「酒買うてのまそ」につながっていく。そううたったからといって、酒を買って飲ませるだけの余力があるかといえば決してそうではない。それも言ってしまえばただの強がりでしかない。親を中心に奏でられるこれらの愛の唄には、そういう矛盾が秘められていたから、論理以前のところで形づくられていく多くの子守唄の場合、「親にきたかと言われたときは、うれし涙がさきに立つ」といった手放しの感傷に堕してしまいがちだった。

言うまでもなく、愛と憎しみとの深層のドラマが内部できびしく統一されにくかったからに他ならないが、しかし、そこまで自分を高めるだけの能力をもつことのできなかった娘たちの状況を帳消しにしてしまうことは、どうしてもできないのだ。

われわれは、ふるさとへの慕情にこめられた、女の、流浪者の、ひろくは人間のあり方の一典型をそこに再発見できたと思う。

「なぜに乞食をさせなんだ」と、ふるさとに向って唇をかむ憎しみの本質をみると、今日のメカニックなふるさとからの疎外にも通じる、誰もそのことによって断罪されることがない問題点がうかびあがってくるのである。その愛と憎しみとの往復運動は、とりもなおさず、日本の村の思想の特長をそこから導き出し、またわれわれの思想の情緒化の伝統をそこから発展させたのである。前述の「瞽女の口説き」もそうだし、浄瑠璃や歌舞伎、浪曲などにも、その部分をことに美化しようとする傾向があって、それを民衆の感覚がいっそうひろく受けとめ通俗化し、その機能は逆に民衆の心情を規制していくことになったのである。それらの関係が、もっとも素朴に出ているのが、子守唄と言わねばならない。

われわれは、そういう湿った望郷の念をより乾いたものにし、全体のものにしていくためにも、湿ったものにならざるを得なかった原因を深く追求することを怠ってはなるまい。

VIII　流浪の痛み

五木の子守唄

わたしが、その村へ最初に入ったのはちょうど椿のさかりだった。海抜一、〇〇〇メートルのところにある平家伝説の秘境、五家荘から、山をくだって上荒地へ着いた頃から、杉の生木を杖にしたわたしにようやく平地的感覚がもどってきた。しかし、そこも五〇〇メートルの高さに位置し「コバ焼き」のけむりが不毛に近い茶褐色の傾斜地をはいめぐっている山間の〈通路〉にすぎなかった。九九パーセントの山地とあと一パーセントを平地と川とで等分する渓谷の村に「五木の子守唄」発生の要因はこもっていたのである。

洋傘を数本と日常家庭用品とをかついで山奥へわけ入っていく五家荘の住人たちに、林業用のトラックが泥水をぶっかけてのぼっていく。道ばたの粗末な墓石もまた泥水を浴びていて、それが異様なすさまじさをもっており、立ちどまって見ていると次第に石が人間の像に変容していくような錯覚にとらわれてくるのだ。その荒寥とした、無造作なたたずまいに、無名者の死がほかならぬ生活者の死としてそこに人間くさくあった。子守娘たちもその石の下に眠っているにちがいなかった。

「五木の子守唄」は、日本人の七割ぐらいが知っているだろうと思う。戦後急に有名になり、酒宴の席や歌謡・民謡コンクールなどで、あるいは喫茶店のステレオからわれわれはよくきくことができる。そのことは民謡が現代生活との接点においてその意義を見出されたということでもあるが、唄の普及・大衆化が現代的意義を十分に発揮したのだといってしまうのは早計な評価であろう。そこへいくと、「正調」と歌謡曲的にアレンジされたものとでは大きな差があることがまずはっきりする。きっぱり言うならば、編曲は唄の本質をゆがめ、皮相な哀調への共感だけをわれわれに強いる結果になってしまった、ということだ。

ほぼ二十編ばかりある唄をたどって、問題をさぐってみよう。

(1)　おどまいやいや泣く子の守りにゃ
　　泣くといわれて憎まれる

(2)　ねんね一ぺん言うて眠らぬやつは
　　頭たたいて尻ねずめ

(3)　ねんねした児に米ン飯くわしゅ

黄粉*アレにして砂糖つけて

* 米の粉やかたくり粉などのように、飯や餅の外側につけるもので付着をとめるためにする。

(4) ねんねした児のかわいさむぞさ
起きて泣く児の面憎さ

(5) 子どんが可愛いけりゃ守に餅食わしゅ
守がこくれば児もこくる

(6) つらいもんばいい他人の飯は
煮えちゃおれどものどこさぐ

(7) おどま馬鹿々々、馬鹿んもった子じゃっで
よろしゅ頼んもす利口か人《しと》

(8) おどま盆ぎり盆ぎり盆から先ゃおらんと
盆がはよくりゃはよもどる

(9) おどま勧進《かんじん》々々、あん人たちゃよか衆
よか衆よか帯　よか着物《もん》

(10) おどま勧進々々、*ぐわんがら打ってさるこ

* 容器を鉦のかわりにたたく、間にあわせの楽器。ガンガンと音がするからその音響を名前としたものらしい。

ちょ*かで飯ちゃあて堂にとまる

* 猪口（ちょく）、あるいは土鍋、土瓶。仏に供物をあげる容器で下がすぼまって上が大きくひらいている。

(11) おどんがこン村に一年おれば
丸木柱に角がたつ

(12) 丸木柱に角たつよりは
おどまはよ暇ンでればよか

(13) おどんがおればこそこン村もめる
おどんが去《い》たあと花が咲く

(14) 花がさいてもろくな花ささん
手足かかじるイゲ*の花

* とげ。ここでは茨を指す。

(15) おどんがうっ死んだちゅうて誰が泣《にゃ》てくりゅうか
うらの松山蟬がなく

(16) 蟬じゃござらん妹でござる
妹なくなよ気にかかる

(17) おどんがうっ死んだら道ばちゃいけろ

通る人ごち花あぎゅう（あげるだろうよ）

(18) 花はなんの花、つんつん椿
水は天からもらい水

(19) おどんがとっちゃんなあッ山おらす
おらすともえば行こごたる

この唄を、地元の人たちはいまあまり知らない。つまり子守唄が滅びつつある運命にあることでは他の地域とちがわないが、編曲された唄をうたおうともしないようである。よそ者にはわからない内面の経緯がそこに織りこまれており、苦痛をなめさせられた祖先のものとの関わりあいを通じて、見えないある種の力に抗議しようとしている。無言で耐えぬくことが唯一の復讐の方法だ、とでもいうのだろうか。

人吉市に「子守唄の碑」が建てられたが、それらは観光客への偽わりのサービスに過ぎないし、真実その唄を愛惜するのあまりにとられた行為ではない。この慇懃無礼に思い当らない観光宣伝的感覚は非難されてしかるべきだ。

これらの唄を生んだ五木村の現状からみていこう。

「気候は冷涼で年平均一五・五度で、寒暖の差がはげしく、標高五〇〇―一、〇〇〇メートルに二〇以上の部落が散在し、無霜期間が短い」「多雨地帯で、平均二、三五〇ミリメートルであるが、近年は三、五〇〇ミリメートル前後である。したがって電源地帯として注目され、現在四発電所がある」（一九六一年現在）「人口密度が低い。女より男の多い村である」「食糧自給度が低い。水田三三町、畑一〇〇町で、焼畑をしても自給できる農家は一〇パーセント以下で零細農が多く、農産物として見るべきものがない」「森林資源が少ない。このような県下随一の広い面積をもつ山村（二五四一七町歩）でありながら、焼畑慣行のため植林がおくれ経済林が少ない。所有関係も偏っている」「見るべき産業がなく貧富の差が大きい。工場は季節的な茶工場のみで、ほとんど山林労働者である。伐出・造林などの賃労働はあるが、日雇労働であるから収入は不定で、一部の山林所有者に偏在している」（『村政概要』）等々であるが、この中でことに興味をひく点は、男女の人口差である。

経営面積区分	農業を主とする兼業	兼業を主とする兼業	専業	農家人口
3反未満	22	103	6	689
3～5反	56	43	5	554
5～7	88	29	5	797
7～10	77	11	2	645
10～15	32	9	3	315
15～20	15	4		151
20～25	5	1		57
25～30	1	1		18
30～35	4		1	44
例　外		2		8
計	300	203	22	3,278

明治三十五年（一九〇二）には、女を一〇〇として男が一一二、大正十四年（一九二五）には、同じく男が一〇八、昭和十年（一九三五）には一一〇、昭和

年令＼性別	男	女
14	61	43
15	37	37
16	34	22
17	25	23
18	35	17
19	30	19
（小計）	222	161

十五年（一九四〇）には一一七、昭和二十五年（一九五〇）には一〇九、昭和三十五年（一九六〇）には一〇六の割合で、戦時中でさえ男の数が女のそれを上まわっている。これはダム工事その他によって技師、土工たちの転入が多いこととも関係があるが、娘の出稼ぎが伝統的にこの地にあるためであって、それが上の表によって証明される。

貧困を直接の原因として村を放棄するものが続出する事実は、明治以降の資本主義成長過程と分ちがたい関係にあり、そのことはすでに「出稼ぎへの道」の章で述べてきた通りである。この五木村は、いわばその典型とでもいうべき流浪の性格を娘たちに背負せたのであった。娘たちは、土着思想と生産機構との結びつきをもつ村の共同体からはみ出し、谷をおりて多くは球磨郡の相良や人吉方面へ働き口をもとめていった。五木村で「五木の子守唄」が生まれたのではなく、流れていった下の村や町で生まれたという事実にもとずいて、「五木の子守唄」の発生の要因を五木村にさぐらねばならないのである。

少しくどいようだが、もう一歩突っこんでみないと、唄の秘密は明らかにならないようだ。はじめにも書いたように「貧富の差が大きく」「収入は不定で一部の山林所有者に偏在している」という問題の根をたどると、秘境、五家荘と同じく平家伝説が土器の破片のように出てくる。いや破片ではなく、壊される以前の土器の幻である。平家伝説は全国にくさるほどある。滅亡の妖しい美しさに郷愁をもつことで生活の不便と貧乏と不幸とをまぎらわそうとする倒錯的心理も日本人にはありがちだが、ここで注目しなくてはならないことは、土屋、梶原、黒木、土肥、和田など関東武士（源氏）にゆかりのある姓を用いることによって追手の眼をのがれようとする偽装転向がなされていることだ。かれらはそのために生命の危険からのがれただけでなく、地頭職にありついた。のちに秀吉の文禄の役には加藤清正の一隊に加わって朝鮮へ渡ったものがそれらのなかに幾人かいて、軍功によって優遇されたというし、さらに藩制が確立されると、相良氏のもとで村には庄屋元、横目、山留役、宗門改役などをおき、五人組制もできあがった。これらの地頭の後裔たちは「旦那」と呼ばれ、山林・平坦地ことごとく知行地《ちぎょうち》として所有していた。民衆は相良藩の領民であるために貢租の義務を負い、旦那衆に仕える「名子」であるために余米および賦役の義務を負うことになって二重の苛酷な収奪に身をさらした。ここには名子ですらない「譜代下人《ふだいげにん》」「雇奴《やちいど》」「扶持取り」「下り奴」といった奉公人や永代奴隷がいた。人身の譲渡・売買も旦那の一存でできるという仕組みになっており、自由は完全に奪われていた。そこで、旦那たちは「名子地」を小作人に耕作させ、焼畑にアワ、ヒエ、もろこし、きび、そば、大豆、甘藷をつくらせたが、焼畑も三年すれば駄目になり、またあらたな土地を選ばねばならなかった。それを許してもらうために旦那に忠誠を誓い、あらゆる雑役をやりとげたのである。男はその封建的人間関係に羽がいじめにあっているゆえに脱出は不可能だった。その間隙をぬうようにして女たちの脱出がはじまるのだ。

だから、「五木の子守唄」を、旦那に仕える小作人の娘の抵抗の唄と早合点して規定してしまうのは間違いで、一般にはそういう公式的な受取り方が通用し、民謡研究家たちもそう書いているがわたしはそれに不賛成である。そういう誤解を解かないかぎり、この唄の今日的意義は見出せない。その点が欠けているからこそ流浪の根源に迫り得てないし、一般の皮相な情緒的共感と重なり合ってしまう結果を招くようである。

流浪者の死

村を歩くと、旦那の家は古式ゆかしい高床で、骨組みの太い構えの堂々としたものだった。樹齢何百年という庭木が防風林の役目をはたしているし、その暗緑色の翳りが家の貫禄と権威を象徴しているように思えた。それにくらべひどくみすぼらしい住居があちこちにある。その窓下に墓がある。洗濯ものを干したその下に誰彼が埋まっている。「土地がないために自分の屋敷内に葬ったのだ」と言ってしまうことは易しい。だがそれだけの理由にしてしまっていいだろうか。畑はたしかに作物のためにあったが、墓のためにはなかった。そういう贅沢を許されぬことを知りすぎているからこそ、散りぢりになって生涯を送った身内のものの墓を住居のそばにつくったのだ。はじめに「無名者の死がほかならぬ生活者の死としてそこに人間くさくあった」と書いたのは、その辺の事情を読者に伝達したかったからである。

⒄のように、死んだら道ばたに埋めてくれ、そうすれば通る人ごとに花をあげてくれるにちがいないと願うとき、娘たちはつらさと貧しさゆえに共感を抱きあえる同輩たちの存在を信じたろうしせめて「ふるさとの土に埋まりたい」と念じていたはずである。これを感傷と断定してしまうならば、「五木の子守唄」はただの湿っぽい残酷な抒情詩に終ってしまうだろう。「花は何の花つんつん椿、水は天からもらい水」を中心におく捨てばちの絶望感こそ、愚直なまでに自分を愛し、いのちを賭けた人間のたどりつく究極の世界観だったのではないか。

わたしは、この唄を口ずさむとき、きまって会津白虎隊の少年たちの死を思い出す。武士の卵と名子の娘との決定的な階級差の上に立って、そこに示される日本人の死に対する想念に興味を抱くからであろう。城の炎上とともにその〈権威〉と行をともにしようとした少年たちの世界、つまり武士社会にあっては、支配と被支配の論理が人格そのものとして自己完結していたから、自分を愛することは〈権威〉に服従することと何ら矛盾しないばかりか、むしろ〈権威〉そのものとして封建的倫理はかれらの死を讃美することを約束していたのである。あの可憐なナルシシストたちは、講談、浪曲、芝居、映画に描かれ、最近は流行歌「花の白虎隊」（橋幸夫）となって日本人の情緒に触れている。かれらは美しく死んだからその名をのこしたのである（もちろん武士にかぎらず切支丹の殉教にも似通ったものはあるが）。

それにひきかえ、五木の娘たちは、はじめから流浪のはての野たれ死を運命づけられていた。彼女らの上には「親孝行」の観念がおしかぶさり、そこで売られ、働き、あるいは少額の報酬を家に仕送りするという行為だけを、封建的倫理は強制した。そして死んだとしても、誰も保障を与えない酷薄きわまりないものだった。だから被支配階級にとっては「美しく死ぬ」などということはとうてい許されるものではなく、日本人の美意識の外側でかれらの死はむなしく葬り去られていったのである。そういう人間にとって、死の問題は生の問題の裏返しとして当然つきあげられてくるはずのものであった。

これは子守唄一般についても言えることである。ここで他の地域でうたわれたものもひろって考えてみよう。

・わしは唄ずき念仏きらい
死ねば野山の土となる　（愛知）

・わしが死んだら樒《しきび》の花を
たてておくれや墓じるし　（岐阜）

・死んでよかろか十三や十四で
親に樒をもたさりょか　（三重）

・わしが死んだら三昧へ嫁入り
白木長持、白小袖　（同）

・おれが死んだらねえさんたのむ
　樒枯れんよに水たのむ　（兵庫）

こうした死後の不安とかすかな他人への期待をこめた唄は、「五木の子守唄」の中の主要なテーマと共通するものをもっていることは一見してわかる。だから、つぎのような親のない唄、親がいないために帰りつくところを喪失してしまった流浪者のかなしみの唄が同じ波長でひろがっていくのである。

・盆がきたとて何うれしかろ
　かたびらはなし　帯はなし
　かたびらもあるが　帯もあるが
　かわいがってくれる親がない　（愛知）
・わしは親ない　ご兄弟もない
　岩に枯松　たよりない　（三重）
・親のない子は入日をおがめ
　親は入日のまん中に　（同）
・親のない子は西向いておがめ
　西は極楽　親の道　（長野）

・親のない子に親はときけば
親はあります極楽に　（兵庫）
・親はこの世の石炭油
親のない子に光ない　（和歌山）

苦衷を訴えることのできる親が、この世にいなくて極楽にいるのだと意識するところに、うたい手たちの裏返しの絶望のかなしさがある。そこには「親のない子に光ない」と言いきるために「石炭油」（石油）というものを出して象徴的な表現をとったものもあるが、総じてやり場のない自己憐憫におそわれたものが多い。自己憐憫は怠惰のしるしだと言ってしまえばそれまでだが、それをつきあげているものが張りつめた生活そのものだっただけに、わたしは怠惰のそしりをとりはずすことができると思う。

それにくらべ、労働の唄を主として幅広く題材を含んでいる民謡には、こうした暗さはほとんどないといっていい。生産のよろこびを共同作業を通じてわかちあう、明るく解放的なものが土着の強い意志に裏うちされていたことを考えると、土着と流浪とのもつ本質的な生き方の差違がはっきりしているし、さらにそれが子守唄のはらんでいるもっとも暗い深淵につながっていくとき、流浪者の死の言いようのないかなしみが、われわれの心をうつ。

娘たちは「道や街道で日を暮らす」日常に負けまいとしてみずからを憐れむ唄をうたったし、ときには「阿呆といわれりゃ腹たつけれど、さほど賢い知恵もない」（三重）という自嘲にかわりながら、忿懣を人前でおさえようともしたのだろう。

寺の楼門の柱に立って、美しく着飾った地主や商人の娘たちが通るのを、羨望の眼で追いながら、自分はとうてい嫁になどいけはしないと悲観したであろうし、自分にも親がいてくれたらもっとちゃんとした生き方ができ欲望を満たすことができただろうにとくやんだにちがいない。あるいは、野末の観音堂や地蔵尊のあたりで子守りをしながら、ふと眼をやったところに苔むした墓石があったりしたとき、炎のような嗚咽がからだをしびれさせたはずである。娘たちの感覚や思考というものは、自然発生的かつ衝動的であるが、だからずるずると深みにすべりこんでいき、また、その深さを踏み台にして強靱に生きぬくこともできたと思われる。こうした二元的な意味を読みとらずに、流浪者の死を価値づけることはできないはずだ。

異　説　「五木の子守唄」が田辺隆太郎氏によって採譜されたのは昭和五年（一九三〇）頃であり、その後同十一年（一九三六）熊本放送局から編曲放送されて注目を集め、そして戦後の動揺と不安の多い時代に脚光を浴びたわけである。いま流布されているのは三拍子だが、「正調」（丸山満喜雄氏採譜）は二拍子である。わたしが引用した歌詞は氏の記録に主としてたよった。

だが、この発生についてはかなりの異説が出しあわされているが、それらを整理してみることも無意味ではあるまい。

一　一向宗の禁制に反発した娘たちの抵抗が、その因をなしているとする説。

宗門改役がいたことは事実で、春と秋とに一向宗および切支丹の厳重な取締りもあったが、それがこの唄となったと解し得る具体的証拠は島津領内にはいくらかあるが、ここにはない。

二　防人《さきもり》の唄とする説。

防人が西国の守備にきたとしても、熊本県のこの山奥の住民たちとどういう形でつながりをもったかが不明であり、平家の落人が定住する以前に土着民がいたことは考古学の分野から証明されるが、防人と平家の落人たちとのあいだの心情の授受関係が説明できない。

三　乞食の唄という説。

「かんじん」は「勧進聖」から出た言葉であり、社寺の建立のために寄付を集めていく人たちのことである。九州の山里では古くは「銭を乞い歩くもの」というので、乞食に対しても「勧進」という字を当てたようである。かれらは小屋掛けの集落をつくり放浪していた。この唄を完全な乞食の唄としてしまうのは好ましくない。

四　朝鮮戦役にかり出された農民たちが現地の唄の旋律に和して望郷の念をうたったという説。

これはまったく根拠がない。

五　朝鮮から連れてこられた陶工たちが望郷の念をアリランの唄に托してうたっていたので、人吉方面で働らく子守娘たちもその旋律に近い唄をつくり出したという説。

西日本の各地には、朝鮮から捕虜として連れてこられた陶工たちの窯が「御用窯」の名で保護されていたが、島津領にも相良領にもそういう立場の人びとがいてかれらは保護という名目のもとに一定地に住まされ監視つきの不自由な生活を送っていた。郷愁にかられて母国の唄をひそかにうたったことも考えられ、その哀調が子守して歩く娘心に伝わって感動をひきおこしたとも考えられる。

六　被差別民の唄だとする説。

「穢多、非人は人民の最賤族にして、ほとんど禽獣に近き者なり。斃《たおれ》牛馬の皮を剝ぎ、皮履、鼓《こ》鼙《へい》などを製造するを職業とするをもって穢多の名あり。行斃人《ゆきだおれにん》の埋葬、死刑人のとりかたづけ、乞食人《きっしょくにん》の取締など、人の賤悪する職業をなすをもって、非人の名あり。穢多、非人各種族を異にしたがいに嫁娶交際をなさず。非人は穢多の支配にぞくし、その権大いに劣る……」（『日本全国民事慣例類集』・一八八〇年刊）とあるように、封建社会の最下層におしこめられ不当に差別された人びとは、常人のように結髪することができず（月代《さかやき》を剃って髪は寸切にし、元結《もとゆい》はかけない）、女は黒元結または藁で髪を束ね、眉を剃らず白歯にしておき、一見してそれとわかるようにした。この唄を、そういう被差別民の唄と解するとどうなるか。

(9)の「よか衆」は「常人」のことであり、その言葉一つをもってしても差別の実情がうかがえるし、(7)の「利口か人」も娘たちの劣等感から出たというだけでなく「よか衆」と同意語にとる方が適当のようである。無理に(5)と子守唄を関連づけるまでもあるまい。その人たちが長年の非人間的な差別に苦しめられ「汚穢の業にたずさわるものを一つの階層と見なしていく仏教的な見方は、ぬぐってもとれない汚濁が、その身にしみこんでいるとの考え方をすべての武士民衆に植えつけてしまった」(『日本残酷物語』第三部・部落の民)し、その上死後も極楽へはゆけぬなどと吹聴されたりした。こうした死後の世界への不安と恐怖をもつ人間たちの絶望感と、村を出て流浪の痛みをいやというほど味わされている子守娘たちのそれとが合流しないはずはない。極楽へゆけぬという不安は「通る人ごち花あぎゅう」と仮想することになるが、やはり「水は天からもらい水」に帰着するのである。運を天にまかせるほかない子守娘たちにとって、被差別民は共感しあえる友だちだったわけである。

わたしは「五木の子守唄」が被差別民と子守娘たちとの合作であり、精神の深みに根ざすリアリズムが流浪の痛みをかろうじて癒そうとした共感の声を、いま風韻のように耳にすることができる。だから、旦那と名子、つまり地主と小作人との支配と被支配の関係からみようとする一元的発生説はいただけないし、まして「梶原、和田、土肥など鎌倉源氏の姓を名のる者が多いことがそれを物語っているように、遠い鎌倉から落ちのびてきた源氏の落武者部落であったということも、この歌の底を流れる悲哀とノスタルジーのよってきたる原因になっている」(宮内寒弥『秘境を行く』)

という指摘には承服できかねる。

以上、わたしはこの唄の背景をなす村の仕組みや発生説について、かなりくどい説明をしてきたが、人吉の方へくだっていくバスの中で、町に就職するらしい少女と、つきそっていく母親と同席したことをつけ加えたい。バスが発車するとき、白髪のはえた祖母らしい人が「からだに気つけろ」と注意を与え、眼をこらしていた。

祖母から孫へと、この出稼ぎの「必然の方法」はリフレーンされる。町の商店などに住みこんで働いても、この少女は「五木の子守唄」を口ずさむことは、きっとないだろうと思う。湿りがちになる感情を、ある乾いた理性の力でおしつけて歯をきつくかんで耐えぬくのではあるまいか。そのことは村のものが、その唄をうたおうとしない意思とつながる。

その五木村は、一九六三年八月の集中豪雨のため大きな被害を出した。五木川は泥海となり、家は流され多くの人命をのみこんだ。貧しさに耐えながら村を守ってきた人びとも、ついに意を決して離村をはじめた。きっとかれらは貧しくても美しかった山々に荒廃したあの日のイメージを重ね、娘たちがうたった望郷の念をかみしめるにちがいない。

官山と福連木《ふくれぎ》の子守唄

天草の本渡から大江行きのバスにのって福連木で下車すると、そこは山で周囲を取り囲まれた小さな盆地である。天草郡天草町福連木支所で戸籍簿を調べた。いまこの土地で子守唄のうたえるのは森本タケさん（六十五才）ほか数人ということだがその歌詞があまりに「五木の子守唄」と類似しているので、その関係を地縁的なものから解明できるかどうかと考えてみた。五木村は九州山脈の尾根に近い山間の村であり、この福連木は不知火海を越え、しかも天草のやはり山村である。

・ねんねこばっちこゆうてねらん児はたたけ
たちゃてねらん児は尻《じご》ねずめ
・ねんねこばっちこは守り子の役目
そういうてねらきゃて楽をする
・おどま盆ぎり盆ぎり盆から先ゃおらぬ
おりて盆べこも着しゃされず
・おどんが死んだときゃだるが泣いてくりょか
山のからすと親さまと

子守唄が特定の地域から別の地域へ移動することは多い。ときとしてははじめのもの（原唄）よりあたらしくできたものの方がいい場合もあるが、その逆の場合もある。子守唄はいわゆる作業唄のように知恵をしぼりあって技巧的になっていくというようなものでなく、ひどく孤独な産物だったから、AからBへと移動する場合、とかく陳腐になりがちだった。

「福連木の娘はまじめでからだを惜しまないというので、働き先でも評判がいいんですよ、昔も今日もその点は変わりないようですね」と尾上支所長に言われ、戸籍簿をめくっていくと、球磨郡や人吉方面へ住みこみそこで働いているうちに土地のものと結ばれたという事例が目につく。その例は多いということだった。五木の娘たちと出会う機会はあったのである。心情の交流があったとすれば、当然類似した唄がそれぞれの村へもち帰られることが考えられる。もちろん、一人がAの唄をBへもち運ぶことも可能だが、AとBとの人間関係や種々の背景に共通点がないとか稀薄なときは、やはりAの唄はBに根をおろしにくいと思われる。それが、十名二十名と多人数の交流があった場合には、Aの唄がBでうたわれる度合が強くなるし、それに加えて人間関係や社会的背景が酷似しているとなれば、Aの唄はBの唄として定着し得るはずである。

天草では「五木の子守唄」より「福連木の子守唄」の方が古いとか新しいとかいう、いわば本家争いのようなものがあるらしいが、そんな問題は愚劣の一語につきよう。流れ出ていくもの同士がある地点で交叉して散らす熱い精神の火花がそれらの争いのなかで切除されているからである。

五木村は、出稼ぎの必然を旦那と名子の対立関係に見ることができたが、この福連木の場合の農民の貧困は「官山」つまり幕府の「御用林」の存在にかかっていたのである。元庄屋尾上正彦氏の研究になる『官山物語』には、その歴史的推移が詳細に記述されているが、そこにある精密さがかえって福連木の農民たちの置かれた被支配の度合を訴えかける。そのあらましをたどってみよう。

官山の総面積は二五六町二反歩で、万治年間(一六五八―六〇)四代将軍家綱の頃、天草富岡代官鈴木伊兵衛重辰の指揮のもとにはじめて伐り出したといわれるから、約三百年以前にすでに幕府の収奪を受けはじめたことになる。のちに文化年間(一八〇四―一七)、村が極度に困窮したときは特別に伐り出しを許すという幅をもたせてはいるが、手続きが容易でなく急場に間に合わなかった。元禄十四年(一七〇一)に七千本を伐り出したときなどは、京都二条通の鑓《やり》屋喜左衛門が人夫を使って運搬し、代官所の役人がそれを監督したという記録があり、その後十二年おきぐらいに七百本乃至八百本を伐り出していることが記されている。

用材の長さは三間で、一本につき人夫一名を割当て、十名一組を単位として出役がつき、福連木から下津深江まで出す。道中、土地のものは土下座させられたという。用材はそこで一週間潮漬けにし、その後ひきあげて上質の和紙で目張りをほどこし、莚に包んで大阪や京都へ海路で運ばれたらしいが、ここが「御林」として重宝がられたのは、三百年ばかり前の大阪の大火のとき、舟にのって馳けつけた武士が天満橋の下に槍を立てて突きこんだが、その槍は弓のように曲ったものの折れず、ヒビ一つはいらなかったことが将軍の耳に入ったことにはじまるという。「天草樫」は木刀にも使われてきた。

弾力をもった福連木の樫は、民衆をかえってそのために窮地に追いこんだのである。自然がこの場合、人間の運命をにぎっていたとも言えるし、誰を恨むこともできないと諦めるかれらの眼に、山林の緑はことのほか美しくかなしい光茫をもって映ったのであろう。

じれったさ、絶望感、反逆、あきらめなどが入りまじり、村を去っていく娘たちがそのやり場のない心情を奉公先でうたわれる「五木の子守唄」と和して、それをふるさとへ一つのみやげにもち帰ったものが、この唄と言えないだろうか。旋律もすっかり似ているし、正調とも言うべき森本タケさんのうたうのをきくと、五木の場合よりかえって素朴で哀調を秘めていることがわかる。

日本女性史と子守唄

少し余談めくが、熊本にゆかりのある二つの子守唄を、現地ルポ的に書いたあと、新作の子守唄をここに紹介してみたい。

それは『大日本女性人名辞典』（一九三五）『母系制の研究』（一九三八）『招婿婚の研究』（一九五一）『女性の歴史』（一九五八）の著者として知られている詩人高群逸枝氏の「望郷子守唄」である。その出身地熊本県下益城《ましき》郡松橋《まつばせ》町の寄田《よっだ》神社に、その碑が一月十八日（一九六二）建立されたが、氏の六十八才の誕生日にちなんでその日を選ばれたもので、歌詞は次の通りである。

・おどま帰ろ帰ろ　熊本に帰ろ
恥も外聞も　ち忘れて
・おどんが帰ったちゅうて誰がきてくりゅに
益城木原山　風ばかり

・凪じゃござらぬ　汽笛でござる
汽笛鳴るなよ　思い出す
・おどんがこまか時や　寄田の家で
朝も早から汽車見てた
・汽車は一番汽車　八代くだり
乗って行きたいあの汽車に
・乗って行たとて　八代ザボン
ただの一つも買やきらぬ
・おどま汽車よか山みてくらそ
山にゃ木もある花もある
・花のさかりは四月でござる
四月八日はお釈迦さん
・一生一度の釈迦院詣り
晴れの湯文字で　山のぼる
・山でうちだすひぐれの鐘は
三里四方に鳴りひびく

・三里四方はおろかなことよ
　花のお江戸まで　鳴りひびく

この唄は熊本市の郷土雑誌『日本談義』（一九五四・二）に発表されたもので、熊本大水害の報をきいて「夢の中でしきりに望郷のおもいを五木の子守唄に擬して作っていました。すなわち愛郷のあかしとして」（編集者・荒木精之氏宛）書いたものだという。もちろん「五木の子守唄」のような暗さはここにはなく、熊本平野のひろがりと南国の太陽の明るさとを慕う気持があって明るいものであるが、高群氏の生きてきた遍歴を考えると、この望郷の抒情も理解できる。

氏は明治二十七年（一八九四）生れ、娘時代に村を出、上京して『日月の上に』という処女詩集を出して注目され、『美想曲』『妾薄命』『胸を痛みて』『東京は熱病にかかっている』などを、大正十年から十四年まで（一九二一―一九二五）に矢つぎ早やに世に問うた女流詩人だが、のち、門外不出の身で研究に没頭してきた。

「望郷子守唄」には思想的な強烈さは出ていないが、それは処女詩集のなかの

　労働を神聖だ　と言って奨励するのは
　悪ブルジョアの慣用手段に過ぎない

農村の若い男女が　逃げ出していく
農村問題がやかましくなる

考えても見よ
真黒になって働いても　食うや食わずで
一生を終えねばならぬ
小作農業者に　また貧乏な親たちに
前金を借り尽されて
家から家へ　渡り歩く雇人たちを
（中略）
あいつは馬鹿だ　と故郷の者は思ってる
汽車は身軽に飛んでいく
愛する火の国は　彼方に見えなくなる

といった、たたきつけるような詩に貫かれた（詩の領域まで完全に高められていない不燃焼の部分もあるが）激情を内に深く蔵していることがわかる。これは終生を貧苦とたたかいながら黙々と日本女性史の研究に捧げねばならなかった人の熾烈な願いに裏うちされているというだけでなく、紡績女工、売春婦、軍人などのもっとも強力な給源地として知られている西南九州の民衆の流浪の痛みをそこにひしひしと感じさせるものがある。同時にそれは今日に根を張っている問題でもある（この碑の建立には市川房枝、羽仁説子、安倍能成、和歌森太郎氏らが発起人となって一般に寄金を呼びかけたことを書き添えておく）。

IX 人身売買の哀歌

からゆきさん

天草で「からゆきさん」（唐行さん）のことを質問しようとすると、みんな貝のように唇を閉ざして語ろうとしない。それを語ることは自分たちの恥部をさらけ出すことになるのだという自戒にみちた頑なさがあった。「自然」が「経済」を規制し、それがさらに「海外渡航」へと人びとを踏み切らせるのだが、かれらは生きるために命を張ってその道を選んだはずなのに、そのことをまっ正直に語ろうとしないというのは「働いて家計をたすけるのは親孝行」とする観念と「身を売って銭をためるのは恥かしい行為」だとみる劣等感とが重なり合っているだけでなく、世間の人びとが抱いている好奇と懐疑の眼を背に感じながら、自分のなかの矛盾に苦しんでいるためではあるまいか。かれらは身内の誰彼が「からゆきさん」であったことを他人に告白しないことによって、その矛盾の根源とともに世間そのものの冷視に対して復讐しようとするかのようである。ときどき、「からゆきさん」の出世美談などが力をこめて披露されるのは、質問者の認識を転倒させせようとするためというより、そこにはもっと深い民衆の意地とやりばのない自嘲とがかくされているのだと、わたしは見る。

海外へ渡航した人びとの出身地は、天草の西北の海岸地帯および島原半島であるが、そこは一見してわかるように、東支那海の荒波にさらされた岩と崖だらけの平坦地の乏しい海岸の村である。耕せるだけは山の頂上まで鍬を入れて段々畑をつくったが、土地への執着もそこで限界点に達する。こうした自然の悪条件と人口過剰とが「からゆきさん」を生み出し、数えきれぬ近代の悲劇をもたらすことになったのである。

天草の人口過剰は切支丹弾圧と関係があるが、寛永十四年（一六三七）の島原の乱で半減したために数年後幕府は他国から農民をここに移住させ、江戸の罪人まで送りこまれてきた。さらに宗門改めのきびしさのため離島が困難となり、人口は増加の一歩をたどった。たとえば元禄四年（一六九一）の天草の総人口が三四、三五七人、耕地高が一八、四二三石五斗七升一合であるのに、安政三年（一八五六）は一一五、二三一人に達し、耕地高の方は一九、九三八石四斗六升七合四勺で、人口は約三〜四倍に増加したのに高は約一・〇八倍しか増加していない（森克巳氏調べ）。

しかも、当時の農民の構成をみても、本百姓と名子、無高水呑百姓の比率が次第に下に厚くなっていき、全体の三分の二近くにまで達した。もはや出稼ぎは生きる上での必然かつ最大の課題となった。働き先は商業都市長崎が選ばれた。が、また厄介な問題が起った。それは遊廓や貿易商人の家の女中、子守などで働いているものが、都会的な華美な風習を身につけてその非生産的な雰囲気を村にもたらすのをおそれ、富岡代官所が長崎出稼ぎを禁止する羽目になったのである。上からの命令だから一応それを守ったが、だからといって問題がそれで解消するというものではなかった。海外出稼ぎはそこに発展の契機をはらんでいた。娘たちはオランダ、イギリス、ロシアなどの船によって誘拐され、マライ、シンガポール方面に売られたし、明治に入ってからは、清国と修好条約を結んでいた関係で多くの商人たちが上海や香港、さらに奥地へ侵入していったので、海外渡航の希望をもつものが次第に増加してきた。

女衒・村岡伊平治の出現は、日本の女の海外進出の上できわめて重要な役割をはたしたといえよう。かれの一代記『村岡伊平治自伝』があるので、詳しくはそれを読んでもらいたいが、あらましをその記述からひろってみよう。

かれは慶応三年（一八六七）、長崎県島原城内に生れ、のち長崎で中国事情を知り香港に渡る。かれは船員となって、中国各地にいる日本の女郎を救出しようと奔走した。義侠心と同胞愛とをもやしたかれは、密偵の経験を活かし、中国人によって監禁されていた日本の女五十五名を救い出しそこで「もし女郎になりても、日本人を客にしたことわかれば、命がないぞ、外国人だけだぞ」と言いふくめ、私有物のようにそれらを各地に売りとばした。

（名前）	（年令）	（出身地）	（監禁期間）	（送先）
ツル子	一八	五　島	八月	シンガポール
シズ子	一七	〃	八月	〃
タマノエ	一七	佐賀県	九月	〃
ツル子	一四	島原城内	二月	〃
モモヨ	一七	長崎県	八月	香港
フミヨ	一八	北高来郡	八月	〃
マサキ	一八	三　池	七月	ハノイ
オツヤ	一九	平　戸	一六月	〃
オスミ	一五	熊　本	三月	カルカッタ
マサ子	一七	福　岡	六月	トンキン
トモエ	一八	肥前鹿島	四月	シンガポール
トヨ子	一七	島　原	二月	〃
モミノ	一六	加津佐	二月	〃
トミ子	一七	天　草	三月	〃
オツル	一八	長　崎	四月	〃

月　野　一七　佐賀神崎　六月　〃
スミ子　一五　唐　津　四月　〃
おつき　一八　長崎市　一七月　香港
おさの　一七　天　草　一七月　〃
おつの　一八　熊　本　八月　〃

などで、「拙者に金ありあまるなら日本に帰やしてやりたいも、この救いだしの費用は彼女らの身にかける始末ゆえ、諸氏お察しを願う」と売りとばした言い訳を記し、それからかれもシンガポールへ渡り女郎屋と旅館を経営し、警官を抱きこんで賭博場をもひらいて二割の税をまきあげ、かれの名声は一躍あがった。「南洋の金さん事ドクトル村岡伊平治」と名のる晩年のかれの地固めはここで日本の前科者たちを集めその親分となったことで不動のものとなっていくのである。

かれは、ある日、前科者たちを集めて次のように訓辞した。「ここにお集まり願った理由はお分りないであろう。ここで高い米を食わせ、多少にしても小遣を与えて皆様を遊ばしておくのは、実は理由のあることとです。あなた方に人殺しをしろとか、泥棒をしろとかは申しません。昔はよくそういうことがあったそうで、親分子分となった以上、随分乱暴なこともしたとききますが、私はあなた方と半年も一年もいっしょにおるのでなく、早くて二ヶ月、おそくて三、四ヶ月でお別れするのであります。ただただ皆さんが、日本国民として生れながら国家に仇をなし、国民性を失い、身を持ち崩して、尊い先祖の墓に足を踏むことさいでけん身のありさまを不憫に思い、あなた方を国民の一人として、国家百年の事業にたずさわらせ、改めて人間になしたいゆえ、拙者と一心同体と思って、この先いかなる事も厭わずに努めてください。いままでのとおり、十銭もあればそれで賭博をいたし、勝てば飲み喰い、女郎買いすることを一代繰返してもその効はなく、またもとの着のみ着のままがおちです。そこで拙者より一人につき百円か二百円の金を与え、二、三ケ月の後には四、五千円の資産をきずかせ、数年のうちには国元に錦を飾り、また当地で正業に努め、国産品の輸入をしたり、めいめい随意に事業ができるようにしてあげます。それまでは拙者十二分の保護をいたします。そのためにはもう一度国法を破り、罪を重ねる必要があります。お分りの方は手をあげてください。お分りない方には改めて説明いたします。そこで皆さん、天皇陛下にお詫を致し、われら国民の一人として、今日より改まるように、八百万《やおよろず》の神に祈るわけでありますす」

みんな立って敬礼をし、つづいて「君が代」をうたい、天皇陛下、皇后陛下、皇太子殿下、帝国陸海軍および南洋在住者諸氏のために万歳を三唱した。そして、内地へ誘拐に行っているあいだは酒と賭博を禁じ、繁華な土地におることを禁じ、田舎へ行って学問のない娘をつれ出すことを申しつけた。

船は、日本とシンガポールの間を往復する便を利用し、神戸、長崎、口之津方面から密航させる。シンガポールに上陸すると、一人の女の宿泊料が十日で二十五円、運賃の立替え五百円、利子二十五円、入国税十円、それだけを立替えてやることになるので、「日本で一円の金も見たことのない女たちに〝お前は五百円の借金だ〟というとびっくりしていやだといい、駄々をこねる。それを一人々々部屋に入れて納得させる。そのうちでもどうしてもきかない奴には、拙者が夫婦約束して、一年先とか六ケ月先とかにいっしょになるように話す。そうするとたいがいの女が聞く」という戦術をとって女たちを羽がいじめにするわけである。「盆と正月には女どもに気をつけて、国元へ金を送ってやる。女どもも主人を親と思って大事にする。そうなると家内は円満で、夢の間に千円、二千円と残る。金時計やダイヤモンドの指輪や上等の靴などを買いこみ、国元にも手紙を出し、毎月送金する。父母も安心して近所の評判にもなる。すると村長が聞いて所得税を掛けてくる。国家にどれだけ為になるかわからない」という考え方までおしひろめて、それを女たちに強要するのである。

たとえば、スマトラのメーザン村では、おかよ婆さんが日本人女郎屋をやっており、そこには目に異常があったり、背や腰や足が悪かったりする障碍のある人と六十才以上の老人が客をとって働いていたというし、その地方にはそんな女が五百人乃至八百人もいたと伝えられている。それらは日本、ことに天草や長崎、島原方面から誘拐者の手をへて連れてこられたもので、国元では外国人の家庭の下女になっていると思っているが、事実はちがっていた。そしてこれらの多くは過労、栄養失調、性病、風土病などでわりに若死し、その地に埋まった。

村岡伊平治が自分の手を通じて、国から女を連れ出した数は、そのメモによると、明治二十二年（一八八九）から五年間のうちに三、二二二名となっているから、近世後期から数えたら十万人をくだるまい。明治四十一年（一九〇八）から翌年頃には、シンガポールだけでも五百軒の女郎屋があり、一軒に十名平均として、約五千名はいたと推定できる。さらにインド洋を出てボンベイやアフリカのザンジバルにまで日本の女が足をのばしていたといわれる。

「おれが一番上の娘は今ボルネオにおるげな。よかやつじゃったばってん、婆になっちょろ、一度も帰ってこん、銭も送ってこん。まん中ん娘は称名寺にフーク（奉公）しちょる。末ん娘はこの間長崎の寄合町に女郎衆に売ったたい。年の足らんけん、お上《かみ》が許さんちゅうので、寺におる姉娘の名で売ってきた」（町田トシコ『かんころめし』）という作中の伊作。「子供は豚を飼育して売るに等しい。小舟のように細長い猫額大の土地に這いつくばって働いても、地主への上納米に追われるばかり。かんころめしやネッタクリで生命をつないで、やれ柴刈りだ、薪の木伐りだ、草刈りだ、春には磯へ行って海草も採らねばならない。それよりも娘はさっさと売って、綺麗な着物を着せ、米の飯を食わせた方が倖せであり、彼女達も身を売ることが一つの親孝行と信じていた」現実に立って、経済的な援助を頼りにして生きていた。

こうして、貧しい家に生れた娘たちは次々と村から消えていき、いままでどん底生活にあえいでいた家が少しずつうるおいをみせてくる。古びて倒れそうだった家が修理され、村中の話題を集める。「あの娘の仕送りで家が建った」という噂さは、いつか美談にすりかえられる。小学校にもろくに通えなかったものが外地でからだを張ってかせいだ金から、たとえば「テーブルクロースを出身校である村の小学校に贈ったりする」「そしてクロースをかけたテーブルの上で、ヒゲをはやした校長がおごそかに教育勅語を読む」という戯画的な現象がおこる。こういう美談の主たちは、いわゆる「ふるさとに錦をかざった」ということになって喧伝されるが、現地ではどんな生活をしていたかわからない。

三十才をすぎて、女たちは帰ってくる。「みな二百三高地（髪型）を結い、絹の着物の衿に白いハンカチを巻いて、指には金の指輪をはめていた。それは彼女たちがまだ村娘のとき、青年たちから貰って喜んだ多良岳土産の指輪とは比較にならぬほど燦然と輝き、宝石が動物の眼のように異様に光った。色とりどりの縮緬の半襟の花模様が、白いハンカチの間からチラチラと見え、香水の匂いが漂った。かつては親の借金を払うために泣き泣き行った者も、今ではケロリと涙を忘れ、誇らしげに巻煙草をふかしたりして、芋のアクに両手を汚しアカギレの足を引きずっている村の娘達を軽蔑し、親兄弟は芋を喰っているのに、自分だけが水車から白米を購って米の飯を三度とも喰っていた」（同）としても、そんな贅沢がいつまでもつづくはずのものではない。いのちを賭けて外地で生きぬいてきた苦労が、土性骨となって、こうしたふてぶてしさを身につけるようになったのだろうが、考えてみると、こんな女に変質したのは、経済的援助をつづけてきたことを恩に着せる気持とともに、幼ない魂を軽々しく売りつけた親への面当てでもあった。

しかし、外人の妾となって相手と行をともにするものもあり、現地で病に斃れるものもあって、みんながそういう奢りの生活をふりまいたというわけでは決してなかった。ただ外国で身につけた感覚ときらびやかな装身具を手ばなさない帰国者たちもたいてい性病にからだは蝕ばまれ、十年乃至二十年間仕送りした金でかろうじて生活をたて直していた家も、帰国者の病気治療費などでふたたびもとの貧困に逆もどりしてしまう例であった。金の指輪や鳥の羽根のついた帽子や色もののパラソルなども、中年女を迎え入れる家にとっては決してありがたいものではなく、反対に悪魔の襲来を意味するものでさえあった。病気をもった女たちは百姓仕事ができず、遠い外国での生活を幻に見て、放心と無為の日をすごし、その妹や姪や従妹たちがふたたび出稼ぎの道を歩かざるを得なくなるのである。この悪循環こそ、明治国家がはらんでいる矛盾そのものであり、さらに資本主義の上昇期における苛酷な収奪が日本人の道徳観念を媒体として潜在化していった行程を、われわれはそこに見ることができる。「親が困っているときに子供が加勢するのはあたりまえではないか」と、あまっちょろい常識的なヒューマニズムに肘鉄をくらわせる土着の父親の執念となってその残滓は生きつづけており、絶えることなく若いものの出稼ぎは「からゆきさん」の背景と共通のものをもっていまもつづくのである。

島原の子守唄

菊田一夫作・演出の『女を売る船』が森繁劇団の旗あげ公演で好評を博しているとき、わたしはその背景をなす島原半島南端の口之津港を訪ねた。以前にも宮崎滔天の生涯を描いたかれの『風雪三十三年の夢』で、そこは「島原の子守唄」の発祥地として活かされたことがある。

ちょうどたそがれどきだったので、天草の鬼池からそこに着いたときには、薄暗い空洞のような港の構図にからだごとのみこまれてしまうほど、そこはさびれはてて二隻ほどの船が岸に横たわっているだけだった。一種の寂寥感といったものがある。それは往時の景況との比較としてではなく、子守唄の哀感にそのまま通ずるという意味での寂寥感だった。

(1)
おどみゃ島原の
おどみゃ島原の
梨の木そだち
何の梨やら何の梨やら
色気なしばよ　しょうかいな
はよねろ泣かんで　おろろんばい
鬼の池の久助どんの連れんこらるばい

(2)
帰りにゃ寄っちくれんか

帰りにゃ寄っちくれんか
あばら屋じゃけんど
と芋めしゃ粟ん飯
と芋めしゃ粟ん飯
黄金飯ばよしょうかいな
嫁子ん紅な誰がくれた
つばつけたなら赤《あ》ったかろ

(3)

姉しゃんなどけいたろうかい
姉しゃんなどけいたろうかい
青煙突のバッタンフル
唐はどこんねき
唐はどこんねき
海のはてばよ　しょうかいな
おろろんおろろん　おろろんばい
おろろんおろろん　おろろんばい

(4)

山ん家《ね》はかん火事げなばい

山ん家はかん火事げなばい
サンパン船はよろん人
姉しゃんなにぎん飯で
姉しゃんなにぎん飯で
船ん底ばよ　しょうかいな
おろろんおろろん　おろろんばい
おろろんおろろん　おろろんばい

(5)

あん人たちゃ二つも
あん人たちゃ二つも
金の指輪《ゆびがね》はめとらす
金はどこん金
唐金げなばい　しょうかいな
おろろんおろろん　おろろんばい
おろろんおろろん　おろろんばい

この唄は、いままで数多く引用してきた子守唄とちがって表現も新しく、それに物語性がかなりのリアリティをもってその背後にかくされているという特長がある。いつ誰の口からつくられたかは不明だが、明治中期以後のものにちがいない。「金の指輪」のことは前に書いたが、山火事のことや、よろん人（与論島などからきていた労働者でここでは沖縄人一般を指しているらしい）のことや、バッタンフルのことなどは説明がなくてはとうてい理解できない。

大正のはじめ三池築港が完成し、三井の石炭が大牟田からそのまま積み出されるようになる前は、口之津が三池の外港であり、そこまで有明海を団平船で連絡し、はじめて外国船に積みかえられたのであるが、その時分、口之津には香港のバターフィルという船会社の船が出入りしていた。それを土地の人たちは「ばったんふる」と呼び、のちには外国の貨物船をすべてそう呼んでいた。「からゆきさん」たちは周旋屋に集められ、馬車にのせられて、港へ運ばれる。それは夜である。普通の乗合馬車はラッパを鳴らして海岸通りの一本道を走っていくのだが、娘たちを密輸する夜にかぎって山の民家につけ火があり、町が騒然となるその隙に、馬蹄をひそめラッパを鳴らさぬ馬車が口之津港へ走っていくのである。娘たちは「ばったんふる」の船底になげこまれ、にぎり飯をあてがわれて、香港やシンガポール方面へながい船旅をするのである。

その船底で、娘たちは外国船員たちによって肉体を汚され、陸あげされるまで運搬の報酬として玩弄されることになる。処女を奪われた娘たちは、汚れた自分への嘲笑を意地にすりかえて、勇敢に女郎となっていくわけだが、ながい船旅はその意味で苦痛と反逆と諦めとの乱れあう地獄の底だったということができよう。

そして女郎として異国の土に埋まらず運よく、シベリヤの馬賊の妻となり、またシャムやシンガポールで華僑の妾となって金をもうけて帰ってくると、子守はいつか自分も売られる身とはしらずにその婆さんの指に二つも輝く金の指輪をうらやましがるのである。「島原の子守唄」は、こうした無知な子守たちの羨望から発し、だれもそれを疑い批判の眼を向けようとしないで、みんなに受けいれられていただけに哀感はひとしお強い。

歌詞はこういう背景をもったものであるが、その羨望の対象となった人たちは、まだいくらか生き残っている。たとえば大宅壮一氏が天草を訪ね「からゆきさん」と会ったとき「英語で話しましょうか、フランス語がいいですか」と高飛車に出て毒舌家の氏もたじたじだったというエピソードなどもあるが、「金だらのおゆき」という渾名をもつ井上ゆきよさん（フランス人電信局長ジョナール・ステファン夫人）、逆瀬川の錦戸かよさん（スイス人タバコ会社重役アドフ・フシ夫人）、苓北町の村上キツさん（スエーデン人上海共同租界工部局勤務ジョハンソン夫人）など外国人と結婚し夫の死後帰国したものや、カールス・リエ（村上姓）、コッタン・ルイ・ソメ（阿部姓）、ゲノン・サナという外人名の天草女が「からゆきさん」の生き残りとして余生を送っている。その人たちも多くを語ろうとしない。口を割ると、向うで幸福だったことをどこか遠い一点を見るような眼つきで話すだけで、同じ村内から出ていった誰彼の消息などは避けようとする。ちょうど自分のなかの過去の汚点を包みかくそうとする本能と同じ力でそれを抑えているのであろう。それは多くの子守唄が共感を軸にしてたがいの胸を揺ぶりあうあの同胞意識の完全な裏返しではあるまいか。

それだけではない。女たちは肉体を売って得た代償を親もとに送金することが「親孝行」であり、ひいては「国家への唯一の貢献」であるという「忠孝一如」「忠君愛国」の観念をとうていすぐには帰れない異国にあって体得させられたという問題がある。形式上はインターナショナルな動きをもちながら、明治国家は実質的にはナショナリズムの拡張のためにインターナショナルな組織を利用し、ひいては三井系の資本が南方に進出する有力なルートとなっていたこと、そしてそれが、日本人の情緒を逆用し多くの美談をこさえてきたことなどを、われわれは近代史の再検討という意味をこめて追求する必要がある。

わたしは天草の大江から西海岸を北上し、切支丹と南蛮文化の洗礼を最初に受け、日本の封建制と権力とに抵抗してきた西南九州の民衆が、その子孫を西洋と東洋との接点である香港やシンガポールやマライやスマトラなどへ肉体を売りに出さねばならなかった皮肉な関係を考えてみた。こうした中味をはらんだ「島原の子守唄」こそ、資本主義とナショナリズムの海外進出の人柱となった九州の女たちの鎮魂歌だったのである。

この「からゆきさん」は流行歌に扱われている。関東大震災の頃、艶歌師によってひろめられたものである。「流浪の旅」（後藤紫雲作詞・宮島郁芳作曲）がそれで

一　流れ流れて落ちゆく先は

北はシベリア南はジャバよ
いずこの土地を墓所と定め
いずこの土地の土と終らん

二　昨日は東今日は西
流浪の旅はいつまでつづく
果てなる海の沖の中なる
島にてもよし永住の地ほし

三　思えば哀れ二八《にはち》の春に
親のみ胸をはなれきてより
すぎこし方を思えばわれは
遠き故郷のみ空ぞ恋し

という歌詞である。かなりひろくうたわれたようだが、流浪の本質をつきつめる方向にはいかず、女の哀愁を平板な望郷の念に重ねあわせただけのものに終ってはいるが、こうした唄が艶歌師たちによって一種の社会諷刺の意味をこめてうたわれたという点は興味がある。「いずこの土地の土と終らん」という嘆きは、「五木の子守唄」における「水は天からもらい水」の世界にそのままつながる。そして「からゆきさん」たちの墓石は、「ベトナムのフランス墓地の裏に当っていた。墓石が井戸の石になっていたりして今はもう下層民の住居になっていた」（神島二郎）りして、もうどこからもかえりみられなくなってはいるが、われわれは、ふるさとを捨てて生きねばならなかったこれらの無名の女たちの存在を忘れることはできないだろう。子守唄にもりこまれた人身売買の哀歌をききすてにすることができないように――。

参考資料

「西米良村史資料」（宮崎県立本庄高校郷土部）
「西米良村勢要覧」（宮崎県西米良村役場）
「五木村勢概要」（熊本県五木村役場）
「宇目町の案内」（大分県宇目町役場）
「奥州恐山南部恐山案内」（青森県むつ市円通寺）
「天草ガイド」（熊本日々新聞社）
「天草町の概要」（熊本県天草町役場）
「町勢要覧」（熊本県天草苓北町役場）
「五和町の概況」（熊本県天草五和町役場）
「民俗芸能」（日本青年館）

「歌舞伎と吉原」　郡司正勝（淡路書房）
「庶民の発見」　宮本常一（未来社）
「製糸労働者の歴史」　帯刀他（岩波書店）
「戦後日本の売春問題」　神崎清（社会書房）
「まっくら」　森崎和江（理論社）
「日本残酷物語」（平凡社）
「定本柳田国男集」（筑摩書房）
「日本伝承童謡集成」（国民図書刊行会）
「わらべ唄考」　藪田義雄（カワイ楽器）
「街娼」　竹中勝男・住谷悦治（有恒社）
「音楽粋史」　田辺尚雄（日本出版協同株式会社）
「日本民謡集」　服部龍太郎（社会思想社）
「日本民謡集」　町田嘉章・浅野建二（岩波書店）
「日本民謡集」　西郷信綱他（未来社）
「伝統芸術講座」（河出書房）
「日本女性解放史」（五月書房）
雑誌「民間伝承」

雑誌「中央公論」
雑誌「人民文学」
「日本歌謡史」　丘灯至夫（弥生書房）
「南国のエロス」　原田種夫（新潮社）
「太宰治全集」（筑摩書房）
「綴方風土記」（平凡社）
「日本艶本大集成」
「性風俗」（雄山閣）
「戦闘への招待」　谷川雁（現代思潮社）
「ものいわぬ農民」　大牟羅良（岩波書店）
「追われゆく坑夫たち」　上野英信（岩波書店）
「わらべうた」　町田嘉章・浅野建二（岩波書店）
「日本現代詩大系」（河出書房）
「わらべ唄歳時記」　木俣修（北辰堂）
「日本資本主義発達史年表」（河出書房）
「筑豊のこどもたち」　土門拳（パトリア書房）
「生活と民俗の歴史」（河出書房）

「西日本風土記」（西日本新聞社）
「日本民俗図録」（朝日新聞社）
「売春婦の転落原因と更生問題」（労働者婦人少年局）
「帝国農会報・土地問題特集」（帝国農会）
「村岡伊平治自伝」（南方社）
「人身売買」　森克巳（至文堂）
「祭」　永田久光（創元社）
「塩飽の子守唄」（ＮＨＫ）
「ピカソ・ゲルニカ」（朝日新聞）
「僻地の旅」　宮本常一（修道社）
「秘境を行く」　宮内寒弥（人物往来社）
「官山物語」　尾上正彦（私家版）
「かんころめし」　町田トシコ（中央公論社）
雑誌「日本談義」（日本談義社）
雑誌「民話」（未来社）
雑誌「サークル村」（九州サークル研究会）
「宮崎県近世社会経済史」　小寺鉄之助（宮崎県史料編纂会）

本書は、紀伊國屋新書B—10『日本の子守唄』を復刻したものです。

著　者　松《まつ》永《なが》伍《ご》一《いち》

1930年生まれ。詩人、評論家、作家。
『日本農民詩史（全5巻）』（法政大学出版局）で毎日出版文化賞特別賞を受賞。子守唄研究の第一人者としても知られる。著書に『陽気な農民たち』（未來社）、『望郷の詩』（大和書房）、『一揆論――情念の叛乱と回路』（大和書房、のちに講談社文庫）、『松永伍一著作集（全6巻）』（法政大学出版局）、『子守唄の人生』（中公新書）、『松永伍一詩集』（土曜美術社）、『光の誘惑――わが聖地行』（紀伊國屋書店）、『老いの美徳――本当の豊かさとは何か』（大和書房）ほか多数。2008年没。

日本の子守唄
民俗学的アプローチ
〈新装版〉

1978年3月31日　第1刷発行
2014年5月29日　第2刷発行

発行所　株式会社　紀伊國屋書店
東京都新宿区新宿3-17-7

出版部（編集）03-6910-0508
ホールセール部（営業）03-6910-0519
〒153-8504　東京都目黒区下目黒3-7-10

印刷　理想社
製本　図書印刷

ISBN978-4-314-01120-4 C0095
Printed in Japan